KB092151

역사
서당

01

조선의
멋진
신세계

조선의 멋진 신세계
반복되는 억압에서 조선이 찾아 헤맨 유토피아 연대기

역사서당 01

초판 1쇄 발행 2017년 12월 1일 ＼**초판 2쇄 발행** 2018년 3월 1일
지은이 김양식 박맹수 박준성 백승종 송찬섭 조광 ＼**펴낸이** 이영선 ＼**편집 이사** 강영선 김선정
주간 김문정 ＼**편집장** 임경훈 ＼**편집** 김종훈 이현정 ＼**디자인** 김회량 정경아
독자본부 김일신 이호석 김연수 박정래 손미경 김동욱

펴낸곳 서해문집 ＼**출판등록** 1989년 3월 16일(제406-2005-000047호)
주소 경기도 파주시 광인사길 217(파주출판도시) ＼**전화** (031)955-7470 ＼**팩스** (031)955-7469
홈페이지 www.booksea.co.kr ＼**이메일** shmj21@hanmail.net

ISBN 978-89-7483-895-9 03910
값 14,900원

이 도서의 국립중앙도서관 출판시도서목록(CIP)은 e-CIP 홈페이지(http://www.nl.go.kr/ecip)에서
이용하실 수 있습니다.(CIP제어번호: CIP2017029334)

반복되는 억압에서
조선이 찾아 헤맨 유토피아 연대기

조선의 멋진 신세계

김양식

박맹수

박준성

백승종

송찬섭

조광

서해문집

밥과 사람이 하늘인 세상
박준성

동학이 꿈꾼 유토피아
박맹수

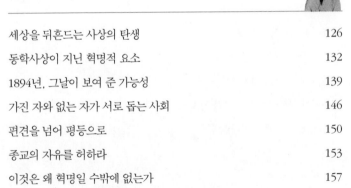

정감록이 이끈 신세계
백승종

미륵보살이 깨어난 세계
백승종

다산이 다스린 사회
송찬섭

활빈당이
바로잡으려
한 나라

김양식

바야흐로 화적의
시대

정의로운
무법자의 등장

I

조선의 마지막
의적 활빈당

율도국을 떠나
백성을 구한
홍길동의 후예

역사 속으로
사라진 해방의
지도자

어느 시대에나 도적은 있었다. 다만 그 형태와 지향성에 따라 화적이 되기도 하고 의적이 되기도 했다. 도적은 무법자요, 범법자였다. 그들은 단순히 먹고살기 위해 도적질을 했다. 그 때문에 공공의 적이 되었으며, 법으로 통제되고 구속되었다.

화적은 남의 물건을 훔칠 때 불을 사용했기 때문에 이름 붙여진 도적 무리다. 명화적이라 불리기도 했다. 이들은 부잣집을 털거나 관공서의 담을 넘어 약탈할 때 주로 밤을 이용했으므로 횃불을 사용했다. 이들은 주로 혼자 움직이는 도적이 아니라 무리를 지어 조직적으로 범죄행위를 일삼는 도적 떼인 경우가 대부분이었다. 도적은 화적의 무한한 공급원이었다. 반면에 의적은 말 그대로 정의로운 도적 무리였다. 이들은 가난한 사람에게 약탈한 금전과 물건 등을 나누어 주었기 때문에 사회적인 호응을 받았다.

문제는 정의의 기준이다. 약탈 대상이 되는 부유층과 관료 및 상인들에게 도적은 범죄자일 뿐이었다. 그 때문에 권력층과 부유층 등을 기반으로 한 국가권력에게도 의적은 도적이자 범법자였기에 대립각을 세울 수밖에 없었다.

　이러한 도적과 화적, 의적의 활동이 가장 두드러졌던 역사시대는 중세 봉건 사회가 해체되고 근대 자본주의 사회로 넘어가는 시기였다. 이는 조선을 비롯한 동양뿐만 아니라 서양 여러 나라에서도 마찬가지였다. 세계 역사에서 중세 사회 해체기에 의적을 상징하는 대표적인 인물은 동양의 경우 조선의 홍길동, 서양의 경우 영국의 로빈 후드를 꼽을 수 있다. 그렇다면 왜 중세 사회 해체기에 유독 의적이 많이 나타났던 것일까? 무엇이 의적을 만들었고, 누가 의적을 필요로 했던 것일까?

　우리 역사에서 중세 사회 해체기에 해당하는 시기는 조선 후기, 특히 19세기다. 중세 사회가 해체되는 19세기에는 상품화폐경제와 농민층 분해가 가속화되면서 국가권력과 지주층의 농민 수탈, 자연재해, 농촌 과잉 인구 등으로 생계유지가 곤란한 수많은 빈농이 생겨났다. 억압과 굶주림에 허덕이는 이들은 농업노동자로 전락하거나, 농촌을 떠나 날품팔이·노점상과 같은 도시빈민 또는 이곳저곳을 떠돌아다니는 상인·광부·승려·걸인 등이 되었다. 이러한 경향은 1876년 개항 이후 더욱 확대되었다. 개항에 따른 상품화폐경제의 발달은 지배층의 농민 수탈을 증폭시켰으며, 일본으로의 쌀 반출로 야기된 농업 경영 구조의 재편은 절대다수가 소작인인 농민에게 불리한 방향으로 전개되었다.

그에 따라 해가 갈수록 국가와 지주의 수탈 때문에 토지로부터 유리된 농민, 특권 상인과 외국 상인의 이윤 독점과 국가적 수탈로 몰락한 중소 상인, 신분제의 질곡에서 도망한 천민, 개항 이후 들어온 공산품으로 몰락한 수공업자, 지배층에 저항하다 도망한 자 등이 끊임없이 재생산되고 있었다. 그들은 자신들을 받아들일 고용 조건과 생계유지에 필요한 자원 공급이 턱없이 부족한 실정에서 절대빈곤에 시달리며 생존을 위해 처절한 투쟁을 해야만 했다. 그것은 국가와 지주의 농민 수탈이 만들어 낸 산물이 아닐 수 없다.

심지어 생활 기반을 상실한 빈민층은 생존마저 위협받는 극한의 처지로 내몰려 목숨을 걸고 도적이 되거나 무리를 지어 화적 집단을 이루었다. 그 때문에 기존 생계수단에서 이탈된 빈민층의 광범한 축적은 곧 사회 불안과 체제 동요를 촉진하고 도적과 화적 집단의 무한한 공급원이 되었다. 그중에서도 토지로부터 소외되고 지배층의 수탈과 자연재해에 신음하는 빈농층이 더욱 그러했다.

바야흐로
화적의
시대

19세기 조선 사회는 홍경래의 난에서 동학농민전쟁으로 이어지는 '농민항쟁의 시대'였다. 한편으로는 '화적의 시대'로 불릴 만큼 화적이 '없는 날이 없고 없는 곳이 없다'라고 표현될 정도로 일반화된 시기였다.

당시 명화적으로 불린 화적은 18세기 이후 주요한 사회현상으로 나타났다. 3남 지방의 농민항쟁이 일어난 1862년 무렵부터는 점차 항상적이고 전국적인 현상으로 나타나다가, 1876년 개항 이후에는 전보다 더욱 불같이 일어났다. 특히 1882년의 임오군란 이후 구식 군인이 지방으로 내려가 화적 집단을 결성해 활동했다. 이 때문에 임오군란-갑신정변으로 이어지는 정치 격변과 맞물리면서 화적 무리는 더욱 많아졌고 그 규모와 세력도 한층 확대되는 양상이었다.

서울을 비롯한 경기 지역에서 주로 활동하던 화적은 점차 전국으로 확산되었는데, 충청·전라·경상도가 강원도 이북 지역보다 더욱 심했다. 경기도는 파주·강화·용인 등지에서, 충청도는 공주·충주와 내포 지역에서, 전라도는 담양·순천·나주 등지에서, 경상도는 진주·상주·경주·안동 등 물산이 풍부하고 상업이 발달한 지역에서 자주 출몰했다. 그 가운데에는 지리산과 같은 깊은 산중에 산채와 같은 아지트가 있는 화적 집단도 있었다.

　이들의 신분은 주로 자립 기반이 불안정한 빈농이나 농업노동자, 영세상인, 도시빈민, 거지, 승려 등이었다. 특이한 점은 승려 출신이 많았다는 점이다. 한 예로 1878년과 1883년에 공주와 강화에서 효수된 화적 32명이 모두 승려였고, 1891년에 진주 지역에서 붙잡힌 11명 중 승려가 7명이나 되었다. 이들은 대부분 조실부모하거나 마땅한 생계가 없어 사찰에 들어가 삭발한 처지였다. 당시 많은 사찰이 화적의 주요 공급원인 동시에 근거지로 활용되곤 했다.

　승려 외에 1880년대에 들어와 새로운 화적 구성원으로 참여한 세력은 전직 군인이었다. 특히 1882년 군란에 참여했던 군인은 이후 대거 도망해 화적이 되었는데, 실제 전 찰방 최응은 1886년에 '비류패도匪類悖徒'가 모두 몇 년 전에 일어난 임오군란의 여당이라고 말했을 정도다. 그 밖에도 양반집 노비와 각 관청 소속의 아전·노비 역시 무거운 신역身役을 피해 화적에 들어갔고, 때로는 전직 관리도 직간접적으로 화적에 가담하기도 했다.

화적 구성원은 보통 수 명에서 수십 명이었는데, 간혹 수백 명인 경우도 있었다. 이들은 두목을 중심으로 끊임없이 이합집산을 거듭했다. 일부 화적 집단은 조직적으로 움직였는데, 그 대표적인 무리가 송학산 협무당, 녹림당 등이었다. 이들 화적당은 자체 규율을 가지고 있었고 대장·중군장·후군장·점주·장물잡이 등으로 구성된 조직을 가지고 있었다. 이들은 보통 가을 추수기에서 이듬해 봄 시기를 중심으로 1~2년 정도 활동했는데, 1880년대 후반 이후에는 장기 지속적으로 활동하는 화적당이 늘어나는 추세였다. 그 이유는 직업적인 화적이 증가하고 지리산과 같은 깊은 산속에 산채를 가지고 있거나 사찰이 화적의 아지트로 활용되었기 때문이다.

화적은 일반적으로 부호나 상인·관공서 등을 대상으로 불을 지르거나 총칼 등을 사용해 약탈하는 공통점을 지니고 있었다. 이는 조선 전 시기에 걸쳐 공통적인 현상이었는데, 1880년대 후반부터는 정부 대신과 지방관은 물론 궁궐도 거리낌 없이 약탈의 대상이 되었다. 심지어 외국인의 내륙 통행이 활발해지는

1884년 이후부터는 외국인도 공공연히 화적의 피해를 입곤 했다.

화적이 사용한 무기는 주로 총과 칼, 창이었다. 방화 역시 화적이란 용어 그대로 일반적인 화적의 약탈 수단이었다. 특히 화적은 양반을 상대로 약탈할 경우 그들의 약점을 이용하여 신주를 탈취하거나 투서投書, 굴총掘塚과 같은 수단을 활용했다. 이는 직접 무력을 행사하는 것보다 한 단계 진전된 방법이었다. 그중에서도 무덤을 파헤치는 굴총은 1884년 겨울부터 새로운 약탈 방법으로 등장했다. 그 후 굴총은 부호나 양반사대부로부터 돈을 탈취하는 가장 흔한 방법이 되었다.

정의로운
무법자의
등장

19세기는 화적의 시대였다. 화적이 없는 날이 없고 없는 곳이 없다고 할 만큼 화적의 출현이 일반적으로 확산되고 있었다. 이러한 사회현상은 세상이 단순히 불법자가 날뛰는 무법천지가 된 것이 아니라, 화적이 의도했든 하지 않았든 결과적으로 그들을 생산체계에서 소외시킨 사회와 국가에 대해 저항하기 시작했다는 의미를 지니고 있었다. 특히 1885년 이후 화적이 공공연히 관아와 지방관을 공격하고 심지어 궁궐까지 침범한 것은 중세적인 유교 사회와 국가권력에 대한 부정에까지도 화적의 인식 지평이 확대되고 있었음을 보여 준다.

실제로 1890년 프랑스 공사는 도적 떼의 활동 양상을 보고 반역 집단과 같다고 했고, 양반사대부도 전에 일찍이 없었던 변괴로 인식했다. 1892년 10월 우의정 정범조鄭範朝는 "이는 진실로

활빈당이 바로잡으려 한 나라

전에 일찍이 없었던 일로서 이웃나라에서도 들어 보지 못한 일이다"라고 했다. 화적은 자신들을 도적 떼로 내몬 사회를 부정했고, 그것은 결과적으로 봉건체제의 위기와 균열을 촉진했다.

1885년 이후부터 굴총이 화적의 약탈 방법으로 일반화된 것도 양반사족이 주도하는 유교 사회에 대한 부정과 그들에 대한 강한 저항이 내포되어 있다고 볼 수 있다. 당시 양반부호는 많은 산을 소유한 반면, 가난한 농민은 무덤 쓸 자리도 없는 실정이었다. 이 때문에 산림을 독점한 양반에 대한 가난한 민중의 불만은 매우 컸다. 화적이 굴총을 약탈 수단으로 삼을 수 있었던 것도 그들에게 기존 체제와 이데올로기를 부정하는 반봉건의식과 민중의식이 있었기 때문이다.

화적의 반봉건적인 성격은 활빈당의 출현에서도 찾아볼 수 있다. 활빈당은 1885년에 이미 결성되었는데, 그 구체적인 사례는 1886년에 보인다. 1886년 1월 충청북도 음성에서 박순길을 비롯한 여덟 명이 활빈당을 조직한 뒤 음성·괴산 등지를 돌아다니며 돈을 탈취했다. 이 사례는 비록 일시적이고 초보적인 형태이지만, 그들의 당을 의적 집단인 활빈당으로 칭했다는 것 자체만으로도 의미가 크다.

화적은 외세에도 적대적이었다. 일부 화적은 반외세를 명분으로 내걸기도 했다. 1881년경 지리산에 거점을 둔 한 화적 집단은 부호에게 보낸 격문에서 "의를 들어 왜를 징벌할 것이다"라는 표현을 쓰면서 돈을 요구했다. 화적은 정의 차원에서 자신들의 활동을 정당화했을 뿐 아니라, 일본 징벌이라는 대외명분을 제시하기도 했다. 이는 일반 민중의 반외세 의식에 기초를 둔 것으로 평가할 수 있다. 따라서 외국인에 대한 단순한 약탈 행위로 반외세 의식을 표출하는 화적 집단이 있었는가 하면, 좀 더 구체적으로 반외세적 지향을 표현한 일부 선진적인 집단도 있었다.

19세기에 점차 만연해진 화적은 봉건 지배층과 외세에 대한 강력한 위협 세력으로 존재했다. 화적의 의식 저변에는 일정 정도의 반봉건·반외세 의식이 깔려 있었기 때문이다.

화적은 계급적으로 농민층과 동질적이고 동일한 사회 모순의 담지자이며 현실적인 동맹 세력이었다. 그러므로 화적과 사회 변혁운동은 항상 결합될 수 있는 소지를 가지고 있었다. 화적은 기본적으로 농민사회의 여러 가치와 꿈을 함께했고, 무법자·반란자로서 농민층의 혁명적인 소용돌이에 민감하게 반응했으며, 이에 적극 참여할 수 있는 세력이었다.

실제 화적은 19세기 후반 여러 병란兵亂과 농민항쟁에 가담했다. 1869년에 일어난 광양병란과 이필제李弼濟가 주도한 1871년의 영해병란은 화적 세력과 연계되어 있었다. 1872년 경상

북도 안동에서 작변을 꾀하던 유흥영柳興榮은 항시 비류匪類와
연결되어 있었다. 1888년에 일어난 영흥농민항쟁은 그 원인이
전·현직 부사의 탐학과 환곡의 폐에 있었는데, 세 명의 화적 부
류가 주도했다.

그렇지만 화적은 기본적으로 사회 저항의 성격을 지녔어도
그 행위가 단순한 약탈로 그치는 경우가 일반적이었다. 화적은
사회적 모순을 자각하고 이를 해결하고자 하는 이념적 지향을
구체적으로 실천에 옮기지 못했다. 그 결과 개항 이후 화적 집
단은 조직 역량이 상당한 수준에까지 성장하고 반봉건·반외세
의식을 갖추었음에도 약탈성을 극복하지 못한 한계를 지니고
있었다. 그리하여 하나의 사회 세력으로 등장한 화적 집단이 사
회 변혁을 위한 구체적 동력으로 이어지기 위해서는 약탈성을
극복할 수 있는 지도·이념이 변혁 주체인 농민층과 결합되어야
만 했다. 그것이 구체화된 것이 1894년 동학농민전쟁이었다.

근래 듣건대, 호서·호남·영남 등지에는 곳곳에 협잡배가 모여 있
으며 이들은 무리를 지어 행패를 부리고 거리낌 없이 소란을 피운
다고 한다. (《일성록》, 고종 31년 3월 25일)

듣건대, 작년 보은소요 이후로 비류가 점점 치성熾盛해졌다고 한

다. 혹은 호남에 무리를 지어 모여 있다고 하고, 혹은 지례 삼도봉 밑에 모여 있다고 한다. 혹은 진주 덕산에 소굴이 있다는 설이 곳곳에 낭자하다. (오횡묵, 〈경상도고성부총쇄록〉, 《한국지방사자료총서》 19, 50쪽)

여기서 말하는 협잡배·비류가 어떠한 존재이고, 호서·호남·영남에 모여 있는 세력이 어떠한 층이었는지는 불확실하다. 아마도 그들은 동학이나 화적 집단과 밀접한 관련이 있었을 것이다. 1893년에서 1894년 초 사이의 정부 측 기록에는 화적에 관한 기사가 거의 보이지 않으며, 주로 '동학 비류'에 관한 것뿐이다. 1892년 말까지도 활발하게 활동하던 화적이 다음 해에 갑자기 자취를 감추었을 리는 없다. 그러므로 여기서 말하는 협잡배나 비류는 동학교도는 물론이고 화적과 같은 비류의 동향도 포함되어 있는 것으로 보아야만 한다.

이러한 움직임은 곧 1894년 동학농민전쟁으로 이어졌다. 동학농민전쟁이 전국적으로 일어나자 일부 의식 있는 화적 집단도 참여했다. 단적인 예로 1892년부터 경기와 충청 지역에서 활동하던 마중군馬中軍이 농민전쟁에 투신했고, 화적의 주요 구성원이었던 승려가 농민군에 참여했으며 사찰이 농민군 활동의 근거지로 활용되곤 했다.

좀 더 구체적인 사례는 전라북도 남원 동학농민군의 구성에

활빈당이 바로잡으려 한 나라

서 확인할 수 있다. 1894년 10월 14일 김개남이 이끄는 주력 부대가 서울을 향해 떠난 남원성에는 4000여 명의 농민군이 잔류해 있었다. 이들은 박봉양朴鳳陽이 이끄는 운봉 민보군과 수차에 걸쳐 접전했는데, 승려가 대장을 맡아 지휘했고 일반 농민 외에 화적·관노·무당 등으로 구성되어 있었다. 남원 동학농민군이 어느 지역보다 강경했던 것도 이들이 참여했기 때문이다.

이러한 사례를 볼 때 화적 세력이 농민전쟁에 참여한 것은 사실이며, 그 시기는 농민군이 전주성에서 철수한 이후였다. 이들의 농민전쟁 가담은 농민군의 전투력을 높이는 큰 동력이 되었다. 화적이 가진 무장력과 전투력·조직력은 다른 어느 계층보다도 큰 힘을 발휘할 수 있는 데다, 일반 농민이 토지에 묶여 있어 자유롭지 못한 반면 화적은 그렇지 않아 활발한 활동이 가능했기 때문이다.

그렇지만 화적 집단은 군현 단위로 일어났던 농민항쟁이나 동학운동과 달리 그 형태가 약탈 행위로 나타났고, 구체적인 사회적 전망을 가진 운동도 아니었다. 그 때문에 화적은 중세 말 농민 저항의 한 형태이면서도 주류가 될 수 없는 한계를 가지고 있었다.

조선의
마지막 의적
활빈당

개항 이후 확대되는 농민층 분해로 토지로부터 농민이 축출되고, 그에 따른 농민층 몰락은 화적이 치성하는 원인이 되었다. 이러한 흐름은 1894년 동학농민전쟁 이후 여러 정치적 요인이 더해지면서 더욱 확대되었다.

한 예로 1892년부터 충주를 중심으로 활동하던 마중군은 동학농민전쟁 이후 조직과 활동 공간을 확대했다. 그 결과 1895년과 1897년에는 동지들과 함께 충주에서 삼남 지방 화적 집회를 열었을 뿐 아니라, 1900년에 들어와 활빈당 결성을 주도했다. 또 1890년대 후반 충청도 화적 두목 다섯 명 가운데 하나였던 맹사진은 1896년 이후 충청도 내포 지역에서 부호에게 굴총하겠다는 격문을 보내 돈을 받아내는 등의 활동을 하다가 마중군 일당과 연대하여 활빈당을 결성하는 데 앞장을 섰다. 이처럼 동학농민전쟁 이후에도 농민층은 더욱 몰락했고, 몰락한 농민층은 화적을 통해 생계를 도모했으며, 그 가운데 뜻 있는 화적 두목은 의적이라 할 수 있는 활빈당을 조직하여 활동했다.

활빈당은 1885년경부터 출현했지만, 본격적인 활동 시기는 1900년경부터다. 1900년대에 들어서면서 활빈당은 1880년대 이후 성장한 화적 집단을 세력 기반으로 하여 여러 조직이 삼남지방을 중심으로 활동했는데, 빼앗은 물건을 가난한 이에게 나누어 주는 등 의적으로서의 정체성을 가지고 있었다.

실제 1886년에 등장한 활빈당은 실제 약탈을 일삼는 화적 집단이었고 활동 기간도 1개월에 불과했으나, 1900년부터는 조직적으로 장기간에 걸쳐 활동했다. 활빈당은 특정한 한두 개 조직만 있었던 것이 아니라 여러 당이 개별 분산적으로, 또는 서로 연합해서 활동했다.

활빈당이 여러 곳에서 동시다발적으로 활동하기 시작한 시기는 1900년 봄부터였다. 그때부터 활빈당이 대거 출몰한 이유는 구체적으로 알 수 없으나, 국내외의 정치 상황과 밀접한 관련이 있어 보인다. 당시 대한제국은 1898년 대한협회와 만민공동회를 강제 해산시켜 개화지식인의 활동을 위축시켰을 뿐 아니라, 1899년에 대한제국 국제를 반포하여 황제권을 강화했다. 모든 권력을 황제에게 집중시킨 대한제국 정부는 광무개혁을 추진했는데, 그 과정에서 각종 세금이 늘어나 일반 농민의 고통은 한층 커져만 갔다. 지주제도 한층 강화되어 토지로부터 소외된 농민이 늘어나고 먹을 것을 찾아 떠도는 민중이 해마다 증가했다. 이런 상황에서 한반도를 둘러싼 러시아와 일본의 대립은 1900년에 러시아가 만주를 차지함으로써 한층 격화되었다.

이런 대내외의 위기 상황에서 화적 집단 가운데 활빈당을 표방한 세력이 나타났거나, 뜻있는 외부 세력이 활빈당을 이용해 의적으로 활동했던 것으로 보인다. 다음과 같은 활빈당 사건에서 그런 상황을 엿볼 수 있다.

1900년 7월 26일, 총으로 무장한 40여 명의 무리가 통도사에 침입했다. 머리를 깎은 양복 차림이었다. 이들은 '활빈대장'이란 깃발을 앞세우고 "우리는 활빈당이다. 모은 돈을 상납하라"라고 하면서 1300냥을 빼앗아 갔는데, 9월에 이 사건에 가담한 엄주방 등 열 명이 체포되었다.

그러나 통도사를 습격한 무리는 진짜 활빈당이 아니었다. 일본 망명객이 활빈당을 동원한 것이었다. 일본 망명객은 부호로부터 수만 냥을 모금해 1900년 10월에 각처에서 봉기할 계획이었다. 그들의 목적은 일본에서 무기를 구입한 뒤 고종 황제를 축출하고 고종의 다섯째 아들 의화군(의친왕)을 황제로 받들어 러시아와 일본 세력을 축출하는 것이었다. 그 배후에는 일본에 망명해 있던 박영효가 있었다. 이 사건은 사전에 발각되어 사건의 전모가 밝혀졌지만, 당시 활빈당이 정변에 동원된 적도 있었음을 말해 준다.

이와 같이 일반 민중의 고통과 위기의식을 가중시키는 시대적 상황 자체가 1900년에 들어와 활빈당이 출몰하는 계기가 되었다. 1900년대 초에 활동한 활빈당 가운데 조직이 크고 장기간 활동한 조직은 크게 셋이었다. 하나는 충청도와 경기도를 기반으로 한 활빈당이고, 또 하나는 낙동강 동쪽 산줄기인 낙동정맥 주변 지역에서 활동한 세력, 마지막은 호남과 영남을 나누는 백두대간 산자락이 펼쳐진 지역에서 활동한 조직이었다.

1900년 3월부터 충청도에서 활동한 활빈당을 이끈 대장은 맹감역과 마중군이었다. 이들은 수십 명에서 수백 명에 이르는 집단을 이루어 총칼을 휴대하고 말이나 가마를 타고 부호의 재산을 약탈하거나 5일장을 습격하여 재물을 탈취했다. 일부는 '활빈당대장의기活貧黨大將義旗'라고 쓴 깃발을 들고 활동했다. 이들 활빈당의 활동 지역은 처음의 충청남도 내포 지역에서 점차 주변 지역으로 확대되었다.

낙동정맥 주변 지역에서 활동하던 활빈당 역시 1900년 4월경부터 출현했는데, 주로 언양·청도·양산·경주 등지에서 활동했다. 1900년 8월 17일 활빈당원 100여 명이 운문령을 넘어 여러 마을에 들어가 방화하고 약탈했으며, 다음 날에는 활빈당원 수백 명이 통도사 마당에 깃발을 꽂고 음식과 재물을 빼앗은 뒤 언양읍성에 침입하여 재물을 탈취했다. 이와 같은 활빈당 활동은 다른 지역으로 확대되었는데, 이들 활빈당을 이끈 대장 역시 맹감역·마중군으로 불리는 당수黨首였다.

영호남의 백두대간 주변 지역에서 활동한 활빈당 역시 맹감역으로 불리는 대장이 지휘했는데, 1900년 봄부터 무주·운봉·산청·거창 등지에서 활동했다. 비록 규모는 작았지만 1905년까지 지속적으로 활동했다.

그러나 1906년에 들어와 활빈당은 급격히 해체되었다. 러일전쟁에서 승리한 일본은 1905년 11월 을사늑약을 통해 사실상 조선을 보호국으로 만들고 치안을 강화했다. 활빈당 대장으로 활동하던 맹감역과 마중군 등이 1906년에 여러 명 체포되었다. 자연히 화적 집단을 비롯한 활빈당의 활동 공간은 위축될 수밖에 없었다.

특히 1905년 11월 을사늑약 이후 전국에서 유생을 중심으로 의병이 일어났다. 의병전쟁은 1907년 군대 해산 이후 더욱 격화되었을 뿐 아니라, 해산 군인과 일반 평민 등이 의병에 가담하고 지도부를 맡는 등 밑으로부터의 항일전쟁으로 확대되었다.

이런 상황에서 다수의 화적과 활빈당이 의병에 참여했다. 이는 1908~1909년에 활동한 의병장 304명 가운데 화적 출신이 17명에 이른다는 사실에서 단적으로 알 수 있다. 그 결과 1906년 이후부터는 활빈당이 역사 무대에서 자취를 감추게 되었다. 이와 같이 1900년대 전반에 전국에서 활발하게 활동하던 활빈당이 1906년부터 자취를 감춘 것은 이들이 의병전쟁에 흡수되었기 때문이다. 이것은 1894년에 동학농민전쟁이 일어나자 다수의 화적이 동학농민군에 참여한 것과 궤를 같이한다.

율도국을 떠나
백성을 구한
홍길동의 후예

─────

활빈당이 의병전쟁에 참여한 것은 화적의 계급의식 저변에 사회 저항 의식이 있었기 때문이다. 화적은 당시 기본 생산수단이었던 토지에서 소외된 법외자·무법자로서 누구보다도 사회변혁 운동에 참여할 수 있는 세력이었다. 그들이 꿈꾼 세상은 무엇이었을까?

활빈당은 기본적으로 기존 체제와 이데올로기를 부정하는 화적 특유의 반봉건 의식에 기반을 둔 조직이었다. 화적이 자신의 비밀결사체를 활빈당이라 칭한 것은 곧 행위에 대한 사회적 정당성을 획득하는 것으로, 부자(국가·지주·양반사대부)에게 저항하고 가난한 자를 돕겠다는 활빈 의식이 투영되어 있었다. 이는 소빈농층의 평등주의적 열망이 반영된 것으로 볼 수 있다. 아울러 활빈당이 사용한 깃발에 '활빈당대장의기'라고 쓰여 있었던 것으로 보아, 의義에 행위의 정당성과 지향성을 두고 있음을 확인할 수 있다. 즉 그들은 빈민을 구제하고 정의로운 사회를 만들기 위한 의적으로서 자신들의 약탈 행위를 정당화하고 하층민중의 지지를 받았던 것이다.

1900년 봄 활빈당원 수백 명은 논산 장날 상인들을 불러 모은 뒤 "우리는 원래 사람을 해치고 재물을 빼앗는 자가 아니니 안심하고 영업하라. 자본금이 없어 장사를 못하는 자에게는 자본금을 대줄 것이다"라고 하면서 인근의 여러 부호에게서 수천 냥을 거두어 가난한 상인에게 나누어 준 뒤 돌아갔다.

1903년 11월 맹사진과 마중군은 활빈당 무리를 이끌고 충청도 전의에서 세 명의 부호로부터 총 1750냥을 탈취한 뒤 이것을 마을 사람에게 나누어 주었다.

1903년 11월 맹감역(서갑순) 등으로 구성된 활빈당은 전라남도 장흥·보성·능주 3군의 부호에게 능주 예암장으로 돈과 곡식을 실어 오라는 글을 보냈다. 이를 받아든 부호들은 순순히 돈 2000냥과 쌀 400석을 예암장으로 가져다 놓았다. 이를 접수한 활빈당은 빈민에게 나누어 주고 며칠간 잔치를 벌였으며, 이런 사실을 관찰부에 알린 능주 군수를 잡아다 시냇가에 버렸다. 뒤이어 들이닥친 병정들과 접전했으나, 날이 저문 뒤 흰 옷을 소나무에 감아 놓고 병정들을 속인 후 도망했다.

육혈포, 서울시립대박물관 소장

1904년 8월 맹감역이 이끄는 활빈당이 영산 관아를 습격했다. 맹감역은 군복을 착용했고 무리 가운데 일부는 군인 복장을 한 자도 있었는데, 육혈포와 칼·철편 등으로 무장했다. 이들은 관아에 들어가 무기와 의복 등을 빼앗았다. 옥문을 부수고 죄수도 풀어 주었다. 또한 관아 창고의 자물쇠를 부수고 그 안에 들어 있던 공금을 꺼내 떠돌이 거지를 불러 모은 뒤 자신들을 '활빈당'이라 칭하면서 탈취한 공금과 가지고 있던 돈 꾸러미를 던져 주었다. 그런 다음 대낮에 노래를 부르며 성을 빠져나와 다른 곳으로 이동했다.

1905년 3월 맹감역 송종백이 이끄는 활빈당원 21명은 한때 같은 당원이었던 함안 순교 류국환이 자신들의 동류를 잡아가자, 대낮에 함안 관아를 습격했다. 류국환이 보이지 않자 순교청의 방벽을 부수고 수천 냥을 탈취한 뒤 그것을 모두 빈민에게 나누어 주었다. 그런 다음 류국환의 집을 불태우고 사령청에 가서 죄수를 풀어 주었다.

활빈당이 바로잡으려 한 나라

이러한 몇몇 사례에서 알 수 있듯이 활빈당은 무장을 하고 부호와 관아 등을 대상으로 약탈을 일삼았다. 당시 공권력은 무기력했다. 활빈당은 큰 저항 없이 약탈로 탈취한 돈을 빈민이나 영세상인에게 나누어 주고 죄수를 풀어 주는 등 의적으로 활동했다. 그 때문에 활빈당의 존재는 능주 사례에서 알 수 있듯이 하층 민중의 지지를 받았다.

허균의 《홍길동전》, 국립중앙박물관 소장

이와 같은 활빈당의 출현과 활동에 가장 큰 영향력을 미친 것은 허균이 쓴 《홍길동전》이다. 《홍길동전》은 1880년대 중반 이후 방각본이 일반인에게까지 널리 퍼져 체제 저항 지식인과 화적을 자극했을 것이다. 소설에서 홍길동은 자신의 의적 집단을 '활빈당'이라 칭하고 가난하고 의지할 곳 없는 민중을 구제하고자 했다. 《홍길동전》을 본 화적이 살아 있는 홍길동이 되어 활빈당을 결성하는 것은 자연스럽고 당연한 일이 아닐 수 없었다.

우리는 경기 감악 이하 오천칠백일흔두 명 활빈류다. 옛날 고래지

풍으로 길동 선생 이후로 이칠성, 그 후로는 맹감역이니, 편답팔도 뿐 아니라 열국에도 편답하고 이제 궁궁릉릉에 거하노라. 우리도 막비국운莫非國運이요, 천하를 얻은 후에는 이 허물을 면할 사.

위의 글은 〈활빈당발영〉에 수록된 것으로, 맹감역이 이끄는 활빈당이 1902년 12월경 충청북도 회인에 사는 부자 정인원에 게 돈을 요구하면서 보낸 격문이다. 이 격문에서 알 수 있듯이, 활빈당의 연원은 홍길동이다. 활빈당은 홍길동의 뒤를 이어 국 운이 열리는 때에 새로운 천하를 얻고자 부호를 약탈한 것이다. 이 격문을 보낸 활빈당 구성원은 5772명이나 되었다.

그런데 소설 속 활빈당을 이끈 홍길동과 조선 말에 실재한 활 빈당 사이에는 약간의 차이가 있다. 홍길동이 활빈당을 결성한 주된 이유는 신분 차별에 있었으나, 1900년대 초 활빈당은 주로 빈부 격차와 지배층의 수탈 때문에 조직을 만들었다. 1900년대 초 활빈당이 신분 차별에 저항하지 않은 것은 1894년 갑오개혁 을 통해 신분제가 폐지되었기 때문이다. 그런 면에서 동학농민 전쟁 당시 동학농민군이 크게 개혁하고자 했던 것 가운데 하나 가 신분제였던 점과 비교된다. 즉 동학농민군의 신분제 혁파 요 구가 갑오개혁을 통해 수용되어 법적으로 신분제가 폐지되었으 므로, 1900년대 초 활빈당은 신분제보다 정치경제적 불평등과

홍길동과 활빈당 비교

구분	《홍길동전》	1900년대 초 활빈당
당명	활빈당	활빈당
핵심 주제	신분 차별	빈부 격차, 지배층의 수탈
지향점	활빈, 정의 사회	활빈, 정의 사회
능력	축지법, 둔갑술 등	
약탈 방법	부호 약탈, 관아 습격, 장시 습격 등	부호 약탈, 관아 습격, 장시 습격, 화공, 굴총, 총칼 사용
성격	체제 비판과 저항, 왕도 사상 부정 못함, 유토피아로 귀결	활빈당 다수 존재, 체제 부정과 파괴, 유토피아에서 현실로

차별 등의 제거에 더 집중한 것으로 보인다.

또한 홍길동과 1900년대 초의 활빈당은 그들이 지향하는 사회를 위하여 부호를 약탈하고 관아와 장시 등을 습격했다는 공통점이 있으나, 1900년대 초의 활빈당은 홍길동과 달리 굴총을 일반적인 부호 약탈 방법으로 사용했다. 굴총은 조상을 숭배하는 유교 사회에서 양반의 최대 약점을 이용한 것으로, 조선 왕조의 이데올로기인 유교를 부정하고 양반의 권위와 의례를 무시한 것이다.

둘의 차이는 성격 면에서 확연히 드러난다. 두 집단 모두 조선 왕조 체제를 비판하고 저항했다는 면에서 공통적이나, 1900

년대 초의 활빈당은 체제를 부정하고 파괴하려는 데까지 한 발짝 더 나아갔다. 그 때문에 홍길동은 최종적으로 조선 왕조 체제를 부정하지 못하고 유토피아를 찾아 율도국으로 떠나지만, 1900년대 초의 활빈당은 상상의 유토피아를 버리고 철저히 현실 세계에 뿌리를 두고 현실 사회에 저항했다.

활빈당이 바로잡으려 한 나라

역사 속으로
사라진
해방의 지도자

━━━━

활빈당은 계급적으로는 농민과 같은 처지에 있었고, 일정 정도 반봉건·반외세에 지향점을 두고 활동했다. 그 때문에 화적과 그들에게 뿌리를 둔 활빈당은 변혁 운동 시 언제라도 참여할 수 있는 현실적인 동맹 세력으로 자리 잡고 있었다. 일부 화적과 활빈당은 당시 하층 대중의 일정한 지지를 받았을 뿐 아니라, 동학농민전쟁과 의병전쟁에도 참여했다.

실제 1900년대 초에 활빈당이 지향한 것은 자연 평등, 사회 빈부 타파, 나라의 혁신에 있었다.[1] 그들이 지향한 것은 그들이 당시까지 역사적으로 경험하지 못한 계급적 차별이 없는 평등한 사회, 빈부의 격차가 없는 공평한 사회, 그를 위한 나라의 혁신이었다. 그 때문에 그들은 동학농민군으로 활동하고 의병으로도 참여하여 자신들의 꿈을 실현하고자 한 것이다.

그러나 본질적으로 활빈당은 중세 말에 나타난 의적의 한 형태였다. 중세 말기는 어느 나라든 의적을 낳고 의적과 관련한 여러 이야기가 전해지는 것이 보편적이다. 그 단적인 사례가 영국의 전설적인 로빈 후드Robin Hood, 지주의 가혹한 착취에 저항한 러시아의 스텐카 라진Stenka Razin 등이다.

세계 최고의 의적 연구자 에릭 홉스봄Eric Hobsbawm은 의적은 "영주와 국가에 의해서 범죄자로 간주되는 농민 무법자지만, 농민 사회 가운데 머물면서 사람들에 의해 영웅, 전사, 복수자, 정의를 위해 싸우는 사람 또는 해방의 지도자로까지 생각되고, 어느 경우에든 칭찬하고 원조하고 지지해 주어야 할 사람"이라고 했다. 우리 역사에서 이와 같은 의적에 가장 근접한 존재가 바로 1900년대 초에 활동한 활빈당이었다.

그러나 중세 말의 의적은 근대사회로 전환되면서 역사 속으로 사라질 존재였다. 근대 법치국가가 성립되고 사회가 안정되면 의적과 같은 무법자는 존재할 수 없었다. 물론 식민지 차별 대우를 받은 것에 저항한 이탈리아 시칠리아 섬의 살바토레 줄리아노Salvatore Giuliano, 차별적인 계급제도와 여성 성폭력에 대항한 인도의 풀란 데비Phoolan Devi 등과 같은 의적도 있지만, 그들은 활빈당처럼 중세 말에 나타난 의적과는 성격이 다르다.

홉스봄에 따르면 중세 말에서 근대 이행기에 나타나는 의적은 크게 로빈 후드형 신사 강도, 하이더크haiducks형 게릴라(저항 전투대원), 복수자 테러 집단의 세 종류다. 활빈당은 기본적으로 로빈 후드형 의적이었다. 부정한 사회의 희생자로서 부정을 바로잡는 자들이었으며, 방어와 복수를 통해 민중의 칭송과 지지를 받았지만 왕이나 황제를 상대하지는 않았다. 지방의 지배층 등과 같은 억압자를 대상으로 약탈을 일삼는 보편성을 지니고 있었다.

그럼에도 19세기 초의 무장 집단이었던 활빈당이 우리 근현대 역사에서 민족 게릴라나 테러 집단으로 발전하지 못한 것은 폭력적인 식민지 지배와 일정한 관련이 있다. 활빈당은 1906년 이후 의병전쟁에 참여하지만, 1910년 이후 조선총독부의 무단통치와 폭력적인 식민지 지배 체제에서 활동할 수 있는 공간이 무척 제한적이었다. 1910년 이후 활빈당 출신 의적은 국내에서 더 이상 활동 공간을 잃고 만주로 건너가 마적이 되거나 독립군으로 활약했을지도 모른다.

천주학장이들이 사는 세상

조광

새로운 종교,
새로운 인간관

왕과 가장이 아닌
천주를 섬기다

2

17~18세기 조선 후기 사회에서는 이상국가를 구현하기 위한 여러 담론이 출현하고 있었다. 이 가운데 양반 사족들은 성리학적 경세론을 생산, 실천하면서 조선 전체의 현실 세계에 이 사상을 관통시키고자 했다. 그들은 이를 정학正學이라고 확신했다.

성리학은 개항 이후까지도 조선의 관학이자 지배 이념이었다. 그러나 성리학적 경세론은 19세기에 이르러 민인民人의 저항에 직면했다. 민인들은 새로운 이상세계론을 제시하고 이를 실천해 갔다.

그러나 당시 사회를 지배하던 성리학적 관료지식인들은 유학적·성리학적 사유에서 벗어난 모든 사유 체계를 사학邪學, 즉 '그릇된 학문'으로 단정했다. 사학에는 불교, 감결신행鑑訣信行과 같은 전통적인 '종교' 사상도 포함되었다. 또한 18세기 말이래 서학西學, 즉 그리스도교(基督敎)의 한 갈래인 천주교 신앙이 사학의 대표적 사례로 지목되었다. 19세기 중엽에는 동학東學 또한 사학의 한 갈래로 등장했다.

서학으로 불리는 그리스도교가 조선에 전래된 것은 1784년 이후다. 지배층이 그리스도교 신앙을 탄압하는 과정에서 양반 지식층의 신앙으로부터 비특권층의 신앙으로 전환되면서 민중 종교운동의 성격을 띠게 되었다.

민중종교운동은 한글로 번역되거나 저술된 여러 책에 힘입어 가능했다. 이 번역서들은 이미 중국에서 그리스도교를 전하던 선교사가 선교의 한 방편으로 간행한 한문 서학서西學書인데, 17세기 이래 부연사赴燕使 일행을 통해 조선에 전해졌다. 이 서학서를 통해 그들의 유토피아에 대한 독자적 생각을 살펴볼 수 있다.

새로운 종교,
새로운
인간관

조선 사회에서 충효忠孝는 가장 중요한 사회적 가치였다. 18세기 이후 이 같은 문화 풍토에서 서학, 즉 그리스도교 신앙이 수용되었다. 그리스도교에서 제시하는 가족관계는 새로운 인간관에 기초한 것이었다.

당시 교회에서는 천주天主가 인간을 창조했음을 말했고, 특히 천주의 모상模像에 따라 창조된 인간을 말함으로써 인간 존재를 천주에게로 직결시켰다. 그리고 인간 존재가 천주에 버금가는 존귀한 존재이며, '천주를 대신하여 이 세상에 있는 귀한 존재'도 된다고 표현했다. 인간의 본성은 천주의 본성에 상접相接한다는 사실도 강조했다. 이를 설명하기 위해서 당시의 한글 서학서에서는 천주에 대한 사랑이 이 세상 모든 '의리義理'의 원천이 됨을 먼저 확연히 밝혔다. 그리고 인간은 신도나 외교인을 불문하고 모두가 '천주의 모상'이므로, 모든 사람을 천주의 모상으로 보고 자신과 같이 사랑해야 함을 강조했다.

당시 그리스도교는 사람에 대한 사랑을 신도가 지켜야 할 일종의 의무로 규정했다. 사람을 사랑하는 것은 천주를 사랑하는 것과 같으며, 천주를 사랑하듯이 사람을 사랑해야 한다고 강조했다. 이 같은 사람에 대한 사랑은 가족윤리와 사회윤리의 기본으로 작용했다. 그리고 가족과 사회에서 사랑을 구체적으로 증거하기 위해 '화목和睦'을 특히 강조했다. 당시의 서학서는 화목한 사람만이 천주의 자녀가 될 수 있다고 단언했다. 그리고 타인과의 관계에서 타인을 마땅히 대접하지 아니하거나 가볍게 여겨서는 안 된다고 가르쳤다. 타인이 착한지 아닌지 의심하는 것도 죄가 된다고 했으니, 이는 모든 사람의 본성을 착한 것으로 보았기 때문이다.

이렇게 천주에 대한 신앙과 관련하여 인간의 존엄성과 인간에 대한 무한한 사랑이 논의되었다. 이 새로운 사랑의 계명은 조선 후기 서학도가 새로운 인간관을 규정하는 데 가장 큰 근거로 작용했다.

왕과 가장이 아닌
천주를
섬기다

그리스도교는 인간 자체를 이해하는 데 가장 큰 변화를 가져왔
다. 그리스도교에서 인간은 천주의 창조를 받은 존재이자 천주
의 모상을 타고난 존귀한 존재다. 창조주 천주의 입장에서 본
인간은 모두가 동등하게 천주의 피조물이며, 이 천주는 대군대
부大君大父로서 세상의 군부君父보다 월등히 높은 존재다.

　당시 사회는 임금에 대한 충성보다 부모에 대한 효도를 더 중
요시하는 문화였다. 이런 충효관은 천주를 이해하는 데에도 적
용되었다. 즉 신도들은 군부君父에게 충효를 드려야 한다면 대
군대부인 천주에게는 대충대효를 드려야 한다는 것에 동의했
다. 또한 천주를 창조주이며 주재자이고 모든 윤리와 도덕의 기
준, 모든 의리의 기준으로 인식했기 때문에 천주가 현세의 군주
보다 월등히 높은 대군이라고 선언했다.

충청남도 청양 출신 순교자 이도기李道起는 천주를 섬기는 태도를 다음과 같이 제시했다.

마테오 리치(利瑪竇)가 중국과 다른 데서 전파한 도리는 그의 것이 아니라 천지대군의 도리입니다. 이 세상의 임금들의 명령을 지극히 조심하여 반포하고 따라야 하거늘, 하물며 이 세상의 임금들의 명령보다 더 무섭고 더 두려우면서도 더 사랑스러운 천주의 명령이겠습니까? 천주는 전능하시고 지존하시며 모든 왕들보다 만 배나 더 훌륭한 분이십니다.

그에게 대군인 천주의 명령은 이 세상의 군주가 내리는 명령보다 월등히 두렵고 사랑스러운 명령이었다. 그는 세속의 군부에게 드리는 충효보다도 월등히 강한 대충大忠을 드려야 할 대상으로 천주를 상정했다. 이 대충대효론의 연장선에서 1866년에 순교한 어떤 평범한 신도 역시 "(그리스도교가) 국가에서는 금하시는 일이오나 세세 천주께 충신이온즉, 죄인인들 어찌 그 충절을 버리고 배주背主하오리까"라고 말하면서 순교의 길을 걸었다.

이 대충의 실천을 강조하던 생각의 전형적 사례는 최양업崔良業 신부의 저작으로 전해지는 〈사향가思鄕歌〉에서 확인된다.

천주학장이들이 사는 세상

한번 죽기 겁을 내어 대부모를 배반하고

이 세상에 돌아오니 몇 해까지 더 사느냐

만년을 살더라도 필경에는 죽느니라

천하부귀 다 있어서도 필경은 버리리다

한번 죽음 얻었으면 영혼이 길이 살아

대부모를 뵈오면서 지옥을 멀리 두고 천당 복을 누리리라

세상 복과 세상 낙이 아무리 좋다 한들

천당 복과 천당 낙을 만 분의 일이라도 당할소냐

죽기를 겁을 내며 출전出戰할 이 뉘 있으며

죽기를 무서워하며 충신 열녀 있을 수 있는가

백이숙제 어찌하여 수양산에서 아사하고

굴삼녀는 어찌하여 멱나수에서 익사했나

(…)

고적古跡은 고사하고 본국本國 사적史籍 살펴보라

열사烈士의 후세 방명 어떻게도 빛이 나며

반적叛賊의 남긴 이름 어떻게도 추루醜陋한가

육신六臣의 군부君父 충효에도 이렇게도 빛나거든

대군대부 충신 되면 얼마나 귀하겠나

또한 순교는 천주께 대한 '의義', 즉 의리義理를 실천하는 행

동이기도 했다. 1839년의 박해 때 순교한 강원도 원주 인근 교우촌 출신인 최해성崔海成은 박해받던 과정에서 다음과 같이 말했다.

> 원주 고을을 통째로 주신다 해도 거짓말을 할 수 없고, 우리 천주를 배반할 수 없습니다. (…) 죽기를 두려워하고 살기를 원하는 것은 모든 사람에게 공통된 감정입니다. 그러나 어떻게 의리를 위한다면 죽기를 거부하겠습니까.

최해성은 조선 왕조에서 존중하던 의리라는 덕목을 가지고 천주를 대면하고자 했으며, 천주께 대한 의리를 위해서 스스로 죽음을 택한다고 했다. 이러한 그의 자세는 나이 어린 국왕 단종에게 의리를 지키기 위해 자신의 목숨을 바친 육신六臣을 연상시킨다. 실제로 1860년대에 저술된 천주 가사에서도 육신의 죽음과 순교자의 죽음을 비교하며 '육신의 경우에도 그 칭송이 이와 같으니 대군에게 드리는 대충을 실천하기 위한 순교자의 죽음은 더 큰 영광을 누리게 될 것'이라고 설명했다.

요컨대 조선 후기 그리스도교 신도는 신앙을 수용하는 과정에서 당시 사회에서 존중받던 충효라는 가치를 기반으로 하여 받아들이고 설명하고 실천했다. 그래서 대군대부인 천주에게

천주학장이들이 사는 세상

세속의 군부보다 더 큰 대충대효를 드려야 한다고 여겼다. 여기서 유일신 천주의 존재를 논하는 그리스도교 신앙은 창조주 천주를 확인하는 과정을 거쳤고, 세상의 군주나 가부권은 천주의 권위에 비해서 상대적으로 낮아졌다. 또한 세상의 군부에 대한 충효나 의열義烈을 실천하고자 했던 전통적 가치가 확장되어 대군대부인 천주에 대한 대충대효로 변화되었다. 이와 같은 수용 태도는 조선 후기 사회에서 새로운 신관/인간관을 관철하기 위해 순교까지 가능하게 하는 배경이 되었다.

그리스도교 윤리,
조선에 맞게
변모하다

경제·사회윤리에 대한 조선 후기 교회의 가르침을 알기 위해서는 그리스도교 윤리의 기본인 '십계'에 관한 당시의 설명에 주목할 필요가 있다. '천주십계'는 19세기 전반 이래 신도 사이에 가장 널리 봉독되던 《십이단十二端》과 같은 기본 경문에 포함되어 있고, 《성찰긔략(省察記略)》을 비롯한 각종 윤리서나 고해성사 준비서 등에 자세히 해설되어 있다.

당시 교회에서 강조하던 사회윤리 가운데 우선 국가와 백성에 관한 규정에 주목해 보자. 임금의 명령은 천주의 명령임을 말하면서, 통치자란 백성의 이익을 위해 일하는 존재이기 때문에 백성은 국왕을 두려워하고 사랑하고 공경하고 기도하고 그 명령을 받들고 조세를 바쳐야 한다고 했다. 백성이 국왕을 두려워해야 하는 까닭은 악인에게 형벌을 집행하기 때문이며, 국왕이 백성을 부모처럼 돌보므로 국왕을 사랑해야 한다고 보았다. 또한 국왕은 지위가 탁월하기 때문에 존경받아야 하며, 국왕의 강녕은 국가의 강녕과 직결되므로 그의 건강을 빌어야 하고, 나라의 우환을 방비하는 데에 필요하므로 조세를 바쳐야 한다고 설명했다.

그런데 여기서 주목할 것은 당시 교회가 제시한 국왕의 상像이 전형적인 현군명주賢君名主라는 점이다. 국왕의 행동이 정당한 것을 전제로 하여 국왕과 그 권위에 대한 백성들의 순종을 유도한 것이다. 이는 정당한 권위에 대한 순종이다. 여기에 폭군에 대한 방벌론放伐論은 전혀 드러나지 않는다. 이와 같이 교회가 백성에게 국왕에 대한 순종만을 강조한 것은 그리스도교 신앙이 무부무군無父無君이라고 비난받던 당시 상황에서 국왕 내지 국가와 교회의 관계를 분명히 하고, 교회가 국가에도 유익한 존재임을 확인해 주려던 시도였다고 볼 수 있다.

이 시도의 일환으로 당시 교회는 백성이 국왕과 관장官長을 위해 기도해야 한다고 강조했다. 예를 들어 《텬쥬셩교공과(天主聖敎功課)》에는 국왕과 관장을 위한 기도를 통해 동국東國의 태평을 기원하고, '조정의 안녕과 백성의 순화와 그른 무리의 제거'를 기원했다. 당시 매주 읽히던 《셩경직히(聖經直解)》에도 수차에 걸쳐 국왕과 국가의 태평을 비는 기도를 수록했다. 이는

《성경직히》. 가톨릭 신자 최창현이 한글로 번역하
고 뮈텔Mutel 주교가 감준監准했으며, 1892년부터
1897년까지 6년간 모두 9권을 발행했다. 천주교의
성서 한글 번역의 효시이며, 개신교의 초기 성서 번
역에도 큰 영향을 끼쳤던 책이다.

대략 연간 5회에 걸쳐, 즉 10주마다 1회씩 공식 기도를 통해 국왕과 국가의 안녕을 빌었음을 뜻한다. 당시 교회는 이 같은 정례적인 기도 외에도 모든 주일主日과 축일에 국가와 국왕과 관장을 위한 기도를 권장했다.

또한 교회는 국가의 '옳은 법'을 지켜야 한다고 말했다. 이는 그리스도교 신앙이 탄압받던 상황에서 신앙을 금지하는 것과 같은 악법은 지킬 필요가 없음을 전제한 말이었다. 또한 천주십계의 제4계에서는 조세를 포탈하거나 거부하는 것을 금지하여 정당한 조세를 부과해야 할 의무를 함께 설명했다.

당시의 서학서에서 이처럼 국가 혹은 국왕과의 관계를 중시하고 자세한 설명을 시도했던 까닭은 그리스도교 신앙이 반국가적 사상이 아님을 표명하기 위함이었을 것이다. 이는 당시 교회가 기존의 사회체제 안에 공존하고자 했던 노력의 일환이었다. 그러나 국왕이나 관장과 백성의 관계를 상명하복 일변도의 관계로 생각했던 것은 아니며, 지배자를 백성에게 선정을 행하고 조세를 공평하게 집행해야 하는 존재로 보았다. 즉 당시의 한글 서학서는 백성의 충성과 함께 지배자의 의무를 동시에 설명함으로써 이 양자 관계를 쌍무적 관계로 파악했다.

양자의 쌍무적 관계를 논하는 기본적 사고는 노비奴婢와 노주奴主, 고공雇工과 고주雇主의 관계를 설명하는 데서도 드러난다.

물론 19세기 전반기 조선 교회에서는 노비제도를 본격적으로 거부하지는 않았다. 그리스도교 신앙을 실천하던 일부 신도가 스스로 노비제도에 반발하고 개인 차원에서 이를 부정하는 일은 이미 18세기 말부터 있었다. 그러나 당시 교회는 노비와 노주, 고공과 고주 사이의 인간관계를 주종적 수직관계로만 파악하지 않았다. 당시의 한글 서학서에는 주인과 노비·고공의 관계에서 상호간의 의무를 명시했다. 특히 종을 악한 말로 꾸짖는 것마저 금지했고, 일을 시키고 공전을 주지 않거나 지급을 늦추는 것을 죄악으로 규정했다.

조선 후기 한글 서학서가 제시하는 경제관은 그리스도교의 전통적 경제관이다. '천주와 맘몬을 동시에 섬기지 못 한다'는 사실을 밝히면서, 천주는 자애한 존재이므로 천주를 따라야 한다고 말했다. 그리고 맘몬, 즉 재산은 '섬겨도 덕으로 여기지 아니하고, 괴로워도 자애하지 아니하며, 수고로워도 불쌍히 여기지 아니하는 사나운 주主'라고 규정했다. 즉 "천주는 사람의 임금이 되시고, 사람은 만물의 임금이 되게 하셨음"을 확인하면서, 사람이 만물의 일부인 재물의 종이 되어서는 안 된다고 말했다. 또 "재리財利를 가볍게 보고 주主의 가난함을 본받아 가난한 데에 평안함을 구하라"라고도 권고했다.

재산에 대해 박해시대의 교회가 생각하는 가장 중요한 기준

은 "마음이 가난한 자는 진복자眞福者로다"라는 구절로 표현된
다. 당시 교회는 신도가 항상 접하는 기도서 《텬쥬성교공과》에
'진복팔단眞福八端', 즉 '산상수훈山上垂訓'을 수록했으며, 이를
염송하여 신도로서 나아갈 인생의 지표로 삼도록 했다. 그뿐 아
니라 《셩경직히》 〈져성쳠례〉에서 이를 자세히 해설하며 진정한
행복은 재산에 있지 않고 천주의 모범을 따르는 데 있음을 강조
했다.

이런 상황에서 재산의 가장 중요한 용도는 애긍哀矜, 곧 가난
한 사람을 불쌍히 여기는 자선에 있는 것으로 해석했다. 애긍의
구체적 방법은 "주린 이를 먹이고, 목마른 이를 마시게 하고, 헐
벗은 사람을 입히고, 병든 이를 치료하고 구금된 사람을 돌아보
고, 나그네에게 거처를 주고, 사로잡힌 이들을 속량하는 것"이
었다.

이러한 자선은 천주에 대한 희사와 동일한 것으로 해석되었
다. 애긍을 곧 천주의 모상인 사람다움을 규정지어 주는 것으로
생각했다. 천주는 애긍하는 사람은 천주를 대신해 '이 세상에
있는 귀한 존재인 사람' 가운데 가난한 사람을 재물로서 돕도록
배려한다고 말했다. 그러므로 신도는 헐벗어 추워하거나 굶주
린 사람에게 자신의 형편대로 재물을 시사施捨하기를 게을리해
서는 안 되었다. 이처럼 재산은 천주가 부자에게 가난한 사람을

돕도록 위탁한 것이니, 부자가 애긍을 하지 않고 재물을 함부로 쓰면 그것은 곧 천주의 재물을 도적질하는 행위라고까지 규정했다. 부자가 가난한 사람을 위한 희생에 힘쓸 때 그들도 구원을 받을 수 있으며, 만일 '재물을 주인으로 섬기고 자신은 그 종이 되면' 더 이상 천주를 섬길 수 없다고 말했다.

이러한 당시 교회의 재산 관념은 자본의 확대나 재화의 재생산을 추구하던 근대적 경제관과는 상당히 거리가 있었다. 자본주의 발전사를 생각해 볼 때 그것은 경제생활에서 이상적인 윤리는 어느 정도 확립할 수 있었을지언정, 자본주의경제 형성에 적극적으로 기여할 수 있는 이윤추구 논리와는 동떨어져 있었다. 이러한 점이 바로 당시 그리스도교 경제 윤리가 가지고 있었던 특징과 한계였다.

한편 가족에 대한 그리스도교 윤리 역시 조선 문화에 맞게 해석되었다. 당시 정부나 일반인으로부터 '무부무군無父無君'으로 비난을 받던 교회는 전통적 인간관계에서 가장 소중한 요소로 인정받는 부모에 대한 효도를 강조했다. 그리스도교적 부자관계에 대한 설명은 다블뤼Daveluy 주교가 1864년에 간행한《성찰긔략》중 제4계에 집중적으로 나타난다.

19세기 전반기 그리스도교에서는 조상 제사에 대해 전혀 언급하지 않았지만, 부모의 구령救靈을 위한 자식의 도리는 밝히

다블뤼 주교

고자 했다. 그러나 천주의 존재를 부자 사이에 개입시킴으로써 부모에 대한 효도를 상대화했다. 교회는 당시의 대표적 기도서인 《텬쥬셩교공과》에 〈부모를 위하여 하는 경〉을 수록하여 자식으로 하여금 "우리 부모에게 셩총을 주시어 세상에서 선을 행하고 육신이 평안하고 영신이 조촐하여 죽은 후에 천상영복으로 온전히 갚음을 얻어 누리게 하소서"라고 기도할 것을 명하고, 그 연장선상에서 부모와 조상을 제사 지내는 대신 '죽은 부모와 조상을 위한 기도문'을 마련해 제시했다.

당시 교회는 가족의 중심축을 '부자간의 상호 관계'에서 '부부간의 상호 관계'로 옮기고자 했다. 이러한 점은 혼인을 설명하는 과정에서 여실히 드러난다. 기존의 관행으로는 결혼이 가문 상호 간의 결합이었으나, 그리스도교의 결혼관은 부부 당사자 간의 결합이었다. 《셩경직히》를 비롯해 19세기 전반기에 읽히던 서학서에서는 혼인에서 부부의 인연이 매우 중요하다고 설명한다. 즉 혼인의 불가해소성不可解消性과 부부 상호 간의 사랑을 강조했다. 당시의 한글 교리서는 "부부의 맺음은 죽기로써 맺음이라"라고 말하며 부부란 천주께서 맺어 준 것이므로 죽을 때까지 해소될 수 없는 관계임을 강조했다. 또한 19세기 전반기 교회에서는 조선 사회에서 일반적으로 용인되던 축첩을 거부하고 일부일처제를 강력히 제시했으며, 배우자가 죽기 전에 타인과 혼인하는 중혼은 금지되었다. 그리고 부부간의 신의를 강조하여 부부간에는 여편女便뿐만 아니라 남편男便도 대등하게 신의를 지킬 의무가 있음을 말했다.

한편 한글 서학서에서는 혈통을 계승할 아들을 중요하게 여기던 관행도 거부했다. 그리하여 부부 사이에 자식이 없다 하더라도 천주의 성의聖意대로 마음을 평안히 해야 할 것이며, 또 부인이 자식을 낳지 못하거나 딸만 낳았더라도 이를 탓해서는 안 된다고 했다.

당시의 한글 서학서는 남편에게 '안해(아내)'에 대한 의무를 강조했고, 안해에게도 이를 함께 요구했다. 부부의 화목을 설명하면서, 집안의 괴로움을 함께 나누어야 한다고 했다. 안해에 대한 폭언·폭력이나 지나친 꾸짖음을 금했고, 안해를 보호하고 관용해야 한다고 역설했다.

당시 조선 교회는 부부나 부자 관계에 대한 윤리규범을 제시하는 동시에 형제나 친척 등에 대해서도 언급했다. 당시 교회에서 통용되던 《텬쥬셩교공과》는 형제나 친척과 붕우, 은인을 위해 특별한 기도문을 제시했다. 《셩찰긔략》은 형제나 친척 사이의 상호 존중과 화목을 강조했고, 그 밖의 서적에서도 친척이나 붕우를 위해 기도하기를 권했다. 그렇다 하더라도 당시의 한글 서학서에 나타난 형제나 친척 간의 관계에 대한 규정은 보편적인 인류애나 형제애의 차원에서 주로 언급한 것이었을 뿐이다.

신분제 극복을
위한
노력

조선 후기의 유일신 천주에 대한 신앙이 단순한 개인의 신심이라는 영역에만 그쳤던 것은 아니었다. 상선벌악賞善罰惡의 주재자인 천주는 신도의 사회생활에서 선악을 분별하고 사회질서를 규정하는 데 강력한 기준을 제공해 주었다. 예를 들어 순교자 이경언李景彦은 천주의 가르침에 따라 "의리에 있어서는 상하의 구별도, 반상班常도, 잘나거나 못난 얼굴의 구별도 없고, 다만 영혼만이 구별될 수 있다"라고 말했다.

이처럼 인간은 모두 다 형제이므로 감히 형제를 업신여길 수 없다는 사실은 명백했다. 이러한 점에서 조선 후기 그리스도교도는 수직적 관계를 기반으로 했던 당시의 신분제적 인간관계를 수평적 관계로 전환해 가고 있었다. 또한 유관검柳觀儉은 그리스도교의 종지宗旨로 "천주를 공경하고 사람을 사랑하라"라고 명쾌히 규정했다. 그는 인간을 우매한 사람과 지식이 있는 사람, 천한 사람과 귀한 사람 등으로 구별하기를 거부하고, 유일신 천주와 연결된 그들의 존엄한 영혼을 구하기 위해서 노력해야 한다고 주장했다.

이와 같이 새로운 인간관과 사회관계론을 제시하는 그리스도교 신앙 때문에 1801년 신유박해 때의 순교자인 황일광黃日光은 그리스도교 신앙을 '종교적 복음'으로만이 아니라 '사회적 복음'으로까지 인식하기도 했다. 황일광은 조선 후기 사회에서 가장 천대받던 신분인 백정 집안에서 태어났다. 그는 죽은 다음 사심판私審判을 통해서 천당에 가게 될 것을 알고 있었으나, 그에 앞서 평등을 실천했던 당시 신앙 공동체에서 천당을 미리 체험했다. 그는 이 감격을 다음과 같이 표현하면서 자신의 소중한 신앙 덕분에 모진 고문을 견뎌낼 수 있었다고 말했다.

교우들은 그의 신분을 잘 알고 있었다. 그러나 그것 때문에 그를 나무라기는 고사하고 애덕으로 형제처럼 대우하기를 게을리 하지 않았다. 어디를 가나 양반집에서까지도 그는 다른 교우들과 똑같이 집안에 받아들여졌다. 그로 말미암아 그는 농담조로 자기에게는 자기 신분에 견주어 보아 사람들이 그를 너무나 점잖게 대해주기 때문에, 이 세상에 하나, 후세에 하나 이렇게 천당 두 개가 있다

고 말했다. (…) 관리들이 배교를 강요하며 혹독한 고문을 해도 그
는 "하늘에서 느끼는 기쁨으로 참아 받으며, 만 번 더 괴로움을 당
하더라도 예수 그리스도를 배반치 않겠으니 저를 마음대로 하십시
오"라고 했다.

1790년대 이후 세례를 받은 충청남도 덕산 출신 유군명은 자
신의 노비를 해방했다. 조선 왕조의 중견 관직인 이조 정랑을
역임했던 순교자 홍낙민洪樂敏도 자신의 노비를 해방했다. 그들
이 단행한 이런 실천 행동은 아버지 천주에 대한 새로운 인식에
서 파생한 결과였다. 아버지 천주가 창조한 인간을 모두가 형제
요, 자매로 생각했던 까닭이다.

한편 정약종丁若鍾은 자신이 거느리던 비녀婢女를 일곱 냥의
속가贖價를 받고 속량했다. 당시 정부는 노비의 속량을 장려하
는 입장이었다. 그래서《속대전續大典》의 규정을 들어 노비가 노
주에게 돈을 주고 자신의 신분을 해방하고자 하는 자속自贖 시
속량가를 100냥 이하로 낮추어 보고자 했다. 그런데 정약종은
〈노비해방문기〉를 작성하면서 비녀에게 속량가로 일곱 냥을 받
았다고 기록했다. 이는 거의 무가無價로 해방한 것이나 다름없
었다. 그는 아마도 자신이 체포되어 죽을 수 있음을 예감했을 것
이고, 그럴 경우 자신의 비녀가 관비로 편입, 충정充定되리라고

여겼을 것이다. 그래서 그는 노비에게 속량되었다는 증서를 분명히 작성해 주기 위해 형식적으로 속량가를 기록했을 가능성이 높다.

한편 1839년에 순교한 최경환崔景煥(최양업 신부의 아버지)은 자신이 거느리던 노비를 더 이상 노비로 부르지 않고 아들과 딸이라고 불렀으며, 실제 아들과 딸로 대우했다. 이는 그가 인간을 새롭게 인식하고 모든 인간을 동등하게 대우해야 함을 알게 된 데서 희열을 느꼈기에 가능한 일이었을 것이다. 인간에 대한 이러한 새로운 인식이 천주학을 통해 조선 후기 사회에 퍼지고 있었다.

19세기 전반기에 신도가 남긴 기록을 검토해 보면, 그들은 자신의 신앙을 전적으로 수용하고 이를 '평화의 복음'으로 인식했음을 알 수 있다. 박해시대에 조선의 그리스도교가 적잖은 순교자를 배출한 것도 신도 가운데 다수가 신앙의 가르침을 철저히 수용하고, 이에 대한 실천 의지를 가지고 있었기 때문일 것이다.

또한 그리스도교에서는 신앙을 같이하는 신도 간의 사랑을 특히 강조했다. 당시 서적에서는 신도를 '교우敎友', 즉 '믿음의 벗'이나 '교형자매敎兄姉妹', 즉 '믿음의 형제자매'로 불렀다. 이 믿음의 벗과 형제 사이의 사랑은 더욱 당연한 것으로 여겨졌다. 이 점을 확인하기 위해서는 19세기 당시의 책자에서 인용된 아우

구스티누스Augustin의 말을 음미해 보면 된다. 당시의 한글 서학서에서는 세상 사람이 모두 형제임은 틀림없는 사실이지만, 교우는 영성적靈性的 관계를 더한 것이니 높고 귀한 존재임을 밝혔다. 그리고 크리소스토무스Jean Chrysostomus의 말을 인용하여 교우의 상호 관계는 세상의 형제보다도 더욱 간절하며, 교우는 그리스도교 신비체의 일부를 이루는 긴밀한 존재임을 제시했다. 교우는 초성적超性的이며 영신적靈身的 결합을 통해 형성된 존재로서 "오주吾主 예수 그리스도를 아버지로 삼고, 교회는 그 어머니이며, 성신으로 같은 마음을 이루고 있으며, 서로를 위해 목숨까지도 바칠 수 있는 사이다"라고 가르쳤다.

바로 이와 같은 가르침이 있었기 때문에 신도들이 교우촌을 통해서 결속을 다지고 새로운 가치를 실현할 수 있었다. 이러한 사례는 1880년대 전주 지역의 교우촌에 관한 다음과 같은 선교사의 보고서에 등장하는데, 이를 통해 교우 간의 긴밀한 관계를 미루어 짐작할 수 있다.

신입 교우들의 협동심은 감탄스럽습니다. 그중에서 뛰어난 미덕은 그들 서로가 사랑과 정성을 베푸는 일입니다. 현세의 재물이 궁핍하지만 사람이나 신분의 차별 없이 조금 있는 재물을 가지고도 서로 나누며 살아갑니다. 이 공소를 돌아보노라면 마치 제가 초대 그

천주학장이들이 사는 세상

리스도교회에 와 있는 것 같습니다. 〈사도행전〉을 보면 그때의 신도들은 자기의 전 재산을 사도들에게 바치고, 예수 그리스도의 청빈과 형제적인 애찬愛餐(agape)을 함께 나누는 것 외에는 이 세상에서 아무것도 바라지 않았습니다.

이는 전주 지역에서 선교하던 보두네Baudounet 신부가 1889년 4월 22일에 보낸 연차 보고서에 나오는 말이다. 보두네가 관찰한 이 교우촌은 다블뤼 주교가 1864년에 간행한 《신명초힝(神命初行)》에서 논한 초대 교회의 신자 생활을 방불케 하는 것이었다. 신자는 서로 사랑하며 "재물을 합하여 한집안 사람 같고, 직분이 다르되 한 몸 같은 생활을" 실천하고자 했다. 그들은 사도 바오로가 약속했던 지상천국을 교우촌에서 이루어 보고자 했던 것이다. 그래서 교우촌은 지상천국이자 광양세계光揚世界요, 광영천지光榮天地였다. 신도들은 새로운 체험 공간이었던 '교우촌'을 '속촌俗村'과는 다른 곳으로 생각했다. 그곳은 조선 후기 그리스도교가 강조하던 아버지 천주에 대한 새로운 체험과 그 체험의 기쁨에서 파생한 결과였다.

신도들은 자신의 실천적 영성을 통해서 새로운 사회관계를 이루어 나갔다. 그리스도교 교리를 해석하는 과정에서 인간은 천주의 자녀로서 평등한 존재임을 깨닫고 이를 실천해 나갔다.

또한 교우촌에서의 생활을 통해 새로운 삶의 방식을 실험했다. 이러한 사회적 행동이 신도 스스로 자신의 믿음에 대한 신뢰를 주었고, 순교까지도 결행할 수 있었던 간접적 요소로 작용했을 것이다.

우리는
마침내 천국으로
갈 것입니다

───

한편 19세기의 서학도(천주학쟁이)에게는 천당 혹은 천국에 관한 확실한 믿음이 있었다. 전통적으로 그리스도교는 천당과 지옥에 관한 교리를 가르쳤는데, 이 때문에 조선의 식자識者는 천주교 신앙을 불교와 비슷하게 생각했다.

물론 당시 교회에서는 '천당' 혹은 '천국'으로 불리는 '하느님의 나라'를 제시하여 종말론적 입장에서 세상 종말의 심판을 설명하고, 인간의 회개와 올바른 삶의 실천을 강조했다. 박해시대에 간행된 천주교 교리서를 보면 상선벌악의 교리를 설명하면서 천당을 주로 최후의 심판과 관련해 표현한 것을 알 수 있다. 천당은 착한 사람이 도달하고자 하는 미래 세계의 최종 목적지였다.

그래서 그들은 천당을 '본향本鄕', 즉 '본래의 고향'이라 불렀고, 기쁨이 가득한 '낙토樂土'라고도 했다. 이는 19세기 중엽의 대표적 천주가사인 〈사향가〉를 보면 잘 알 수 있다. 당시 신도는 천당과 낙토를 같은 개념으로 파악했다. 원래 〈사향가〉는 본향인 천당을 그리워하며 그곳에 다다르기를 다짐하는 노래다.

> 어화 벗님네야, 우리 낙토 찾아가세
> 동서남북 사해팔방, 어느 것이 낙토런고
> 지당으로 가자 하니, 아담 원조 내쳐 있고
> 복지로 가자 하니, 모세 성인 못 들었고
> 이러한 풍진세계, 평안한 곳 아니로다
> (…)
> 아마도 우리 낙토, 천당밖에 다시 없네

천당은 하느님의 영광이 가득한 새로운 나라였다. 당시 서학도에게 천당론은 하느님의 존재와 불사불멸하는 영혼의 존재를 전제로 하고, 사람이 죽은 직후 받게 되는 사심판과 상선벌악을 최종적으로 마무리하는 공심판公審判(최후의 심판)의 교리와 관계가 있었다. 당시 천주교 신도가 신앙하는 하느님(천주)은 무한한 전능을 가졌고, 상선벌악을 지극히 공정하게 판별해서 착한 이에게는 천당의 영복永福을 상으로 내리는 분이었다. 그들은 '하느님의 법은 결코 휘지 않는다'고 여겼다.

서학도는 천당을 본향이라고 생각했다. 본향에서 누리게 될 복은 천하의 모든 복을 다 받는다 하더라도 비할 바가 못 되었다. 그러므로 천당의 복은 영원히 누리게 될 영복이며 진복眞福이었다. 이는 유토피아에서나 누릴 수 있는 복이었다. 당시 서학도는 천주십계를 실천하면서 악을 피하고 선을 행하면 그 결과로 천당에 도달할 수 있다고 믿었다.

이처럼 그들은 추구해야 할 최종 목표로 천당을 설정했으므로 그들이 고백하는 신앙 조목에는 상선벌악과 천당·지옥에 대한 믿음이 반드시 포함되어 있었다. 천당에 대한 믿음은 그들의 실천적 행동을 촉구했다. 천당에 들기 위해서는 천주십계를 잘 지키고, '애긍시사哀矜施舍'와 같은 선행을 해야 했다. 그뿐 아니라 '고신극기苦身克己'를 통해 자신을 단련해야 했다. 그러기에 박해 때 체포된 신도는 자신들이 당했던 혹독한 고문을 '천당의 영복을 사는 돈'이나 천당 입장권에 비유하기도 했다.

당시 교회에서는 천당을 미래 세계로 규정했지만, 이곳에 들기 위해서는 현재 세계에서도 자신을 단련해야 했고, 그 천당의 조짐은 현세에서 확인되어야 했다. 즉 그들은 천당에 들기 위해서 현세의 생활을 가다듬어 나가야 했고, 이 현세의 생활을 위해 '교우촌'을 일구었다. 박해시대 서학도의 삶을 보면 이러한 인식이 잘 드러나는데, 앞서 지적했던 1801년에 순교한 황일광을 비롯한 그 밖의 신자가 남긴 증언에서 실증된다.

한편 1801년 박해 이전에 천주교의 문을 두드렸던 이들이 생각한 천주교 교리의 매력적인 요소 가운데 하나는 바로 사회적 평등을 인정하는 것이었다. 충청도 내포 지방에서 1799년에 순교한 박취득朴取得은 신문을 받으면서도 천당과 지옥에 관한 천주교 교리를 설명하면서 천주교 신앙이 평등 이념을 가지고 있음을 자랑스러워 했다. 즉 그는 "세상을 마칠 때 모든 나라가 없어진 다음에는 양반과 상놈, 임금과 신하의 구별이 없이 모든 연령층의 모든 사람이 구름을 타고 하늘에서 내려오신 천주 성자 앞에 모일 것이고, 그분은 과거와 당시의 사람들을 심판하실 것입니다. 착한 사람들은 주 예수와 그의 성인들과 함께 천당에 올라가서, 이 세상 모든 영광과 즐거움보다 천만 배나 더 큰 행복을 누릴 것입니다"라고 대답했다. 이러한 그의 대답에서 천당이란 이미 사회적 불평등을 극복한 새로운 세계로 인식되고 있었음을 알 수 있다.

1839년의 박해 때 순교한 남명혁南明赫은 사형선고를 받고 나서 아내에게 이런 편지를 썼다. "차세는 역려이고 천국은 우리 본향이니, 주를 위하여 죽어 '광명한 지경地境'에서 영원히 만나기를 바라노라." 그는 이 세상을 나그네 길로 보았고, 천국이 진정한 고향이며 '광명한 지경'이라고 생각했다.

한편 1866년의 박해 때 순교한 황해도 서흥 출신 김택보金澤甫는 자신이 피해 있던 곳에서 천주교 신앙을 열정적으로 전교했다. 그는 "천주가 강생하여 수난을 당하고 우리를 구속해 준 일과 사람은 영혼이 있어서 반드시 상 주고 벌준다는 도리를 강론했으며, 사람 사람마다 가르쳐 주니 남녀 사람들이 감복하여 기뻐하여 진실로 복종했다. 먼저 12단을 가르쳐 주고 이어 문답을 보여 주니 외우고 강하는 소리에 봉우리가 울고 골짜기가 진동하는 것이 십 리를 에워싸니 그가 사는 어리동이 온통 마치 '광양세계'와 같았다"라고 했다.

역시 1866년에 순교한 평안도 평양 동촌 사람 정태정鄭泰鼎은 1850년대부터 평양, 중화, 황주 등지의 도시를 두루 돌아다니며 집집마다 효유하고 설득하여 여러 사람에게 그리스도의 가르침을 전했다. 집안으로는 그의 부친과 큰아버지와 작은아버지 등 네 명을 권면하여 귀화시켜서 광영천지에 이르는 듯했다는 말을 들었다.

이처럼 박해시대에 신도는 묵시론적 입장에서 미래의 천국을 이해하기도 했지만, 동시에 현세에서 미리 참여할 수 있었던 천국을 '광양세계', '광영천지' 혹은 '광명지경光明地境' 등으로 표현했다. 그들이 사용한 '광양'이란 단어는 '자유'라는 의미와 동일하게 사용되었다. 그들은 서양 여러 나라를 '성교聖敎가 광양한 나라'로 표현했으며 우리나라의 성교도 '광양'하기를 바랐다. 그러니까 그들이 천국의 다른 이름으로 생각했던 '광양세계'는 자유가 충만한 나라였다. 또한 백정 출신 교우 황일광이나 상놈 박취득의 소망대로 그곳은 신분의 차별이 없는 평등한 곳이기도 했다. 광양세계인 천당은 하느님과 인간에 대한 사랑을 실천함으로써 갈 수 있는 곳이었다. 그들은 천당에 대한 신앙을 통해서 현세에서도 자유와 평등 그리고 사랑을 함께 호흡했다. 바로 여기서 당시 다른 신앙에서 말하던 천당관과 천주교의 천당관 사이에 존재하는 차이점을 찾을 수 있다. 천주교의 천당 안에서는 근대적 사유가 싹트고 있었다.

당시의 서학도가 실천했던 신분 평등 같은 것은 천주교인만의 바람이 아니었다. 이는 당시 민인이 공통으로 원하던 것이었다. 그래서 1860년대 초 동학이 창도되었을 때 동학의 평등관은 민인의 강력한 호응을 얻을 수 있었다. 19세기 말엽 개신교가 수용되었을 때도 그리스도교적 평등관은 신앙을 전파하는 데 더욱 효과적으로 작용했다. 1894년 동학농민전쟁 때도 신분의 차대는 해소되지 않았으므로 동학도가 거대한 군중을 이루어 봉기할 수 있었다. 또한 동학농민혁명이 실패한 뒤에 동학도 중 일부가 그리스도교(천주교, 개신교, 정교회) 등으로 전향한 일도 그 평등관의 유사성에서 원인을 찾을 수 있을 것이다. 이러한 평등에 대한 이념은 1894년 갑오개혁을 통해 신분제의 철폐가 단행되어 어느 정도 공식적으로 관철될 수 있었다. 그러나 신분 차대의 유습遺習은 일제강점기에도 여전히 계속되었다.

조선 후기 신종교운동에서 드러나는 이와 같은 이념은 성리학적 가치관이나 실학적 가치관의 한계까지도 극복할 수 있는 힘을 민인에게 주었다. 이 힘은 조선의 내적 근대화에 긍정적 영향으로 작용했다. 그리고 신종교운동에 대한 탄압에 죽음으로 맞섰던 서학도의 행동은 신앙의 자유, 사상의 자유, 양심의 자유라는 근대 시민적 가치를 우리에게 심어 주었다. 바로 이러한 점을 확인함으로써 조선 후기 서학도가 가지고 있던 인간관계론의 역사적 의미와 그들이 추구하던 광양세계 유토피아의 진상을 추정할 수 있을 것이다.

밥과 사람이 하늘인 세상

박준성

"이놈의 세상,
확 뒤집어졌으면
좋겠다!"

아래로부터 솟구친
혁명의 물결

우리는 더 이상
물러서지 않으리

동학농민군은 1894년 1월 고부 봉기에서 고부 관아를 점령한 뒤 황토현 싸움에서 전라도 감영군과 싸워 승리했다. 뒤이어 벌어진 장성 황룡촌 싸움에서 1811~1812년 홍경래의 난 이후 83년 만에 중앙에서 파견된 경군의 한 부대와 싸워 이겼으며, 나아가 호남의 정치·경제·사회·문화의 중심인 전주성까지 점령했다. 1894년에는 갑오개혁을 이끌어 냈으며, 우리 역사에서 처음으로 농민들이 지방 행정에 참여해 자치 질서에 영향을 미친 '집강소 체제'를 경험했다. 9월 이후에는 일본군의 침략에 맞서 대대적인 반침략 저항 운동에 나서기도 했다.

1894년 농민전쟁 이후 전국 규모로 일어난 민중항쟁, 사회변혁 운동으로 꼽을 만한 사건은 일제강점기 1919년 '3·1운동', 해방 후 1946년 '9월총파업'과 '10월인민항쟁', 1960년 '4월혁명', 1979년 '부마민중항쟁', 1980년 '5·18민중항쟁', 1987년 '6월항쟁'과 '7·8·9노동자투쟁' 그리고 2017년의 '촛불항쟁'이다. 1894년 농민전쟁은 이러한 사건의 앞자리에 있는 높은 봉우리다. 밑으로부터 '민중'이 조직 체계를 갖추어 무장하고 서울까지 진격하겠다 선언한 뒤 1년 내내 전국 곳곳에서 항쟁을 계속한 대규모 사회변혁 운동이었다. 우리 근현대사에서 투쟁 주체의 조직, 무장 규모, 목표, 지속성, 희생자에서 1894년 농민전쟁에 버금가는 사건은 찾기 어렵다. 또한 1894년 농민전쟁은 중국의 태평천국혁명, 인도의 세포이 농민항쟁과 더불어 19세기 아시아의 3대 민중항쟁으로 반봉건·반침략 운동의 분수령을 이루었다.

"이놈의 세상,
확 뒤집어졌으면
좋겠다!"

1876년 개항 통상으로 세계 자본주의 체제에 휩쓸리기 시작한 조선은 외세와 급박하게 접촉하고 새롭게 대응해야 하는 상황에 직면하게 되었다. '민족의 위기'라는 추상적인 문제가 아니라, 사회경제의 변화와 함께 민중의 삶에도 영향을 미치는 절박한 생존권의 문제가 대두했다.

　불평등조약을 바탕으로 들어온 외래 자본은 차츰 국내 상업·은행·고리대 등 유통 분야를 거머쥐었다. 개항 뒤 무역을 통해 서양 문물이 쏟아져 들어왔다. 가장 먼저 들어온 전신電信은 서울·인천·의주·부산 등 여러 곳을 연결하는 데 이용되었다. 또 석유와 성냥이 들어와 부싯돌을 대신했다. 도시 곳곳에는 외국 선교사들이 세운 서양식 병원과 학교가 들어섰다.

　일본과 청은 개항 초기 개항장을 중심으로 조선 내 주도권을 장악하려고 치열하게 다투었다. 양국 상인들은 1883년 내륙 통상이 허용되자 1890년 무렵부터 자금과 상품을 가지고 들어와 내륙 깊숙이 손을 뻗쳤다. 이들은 생산지나 포구의 객주와 직접 거래하거나 객주를 포섭해서 농촌 소상인까지 장악해 나갔다. 개항 뒤 조선의 무역 체제는 조선인의 생필품인 쌀과 외국에서 들어오는 사치품인 면제품을 교환하는 '미면 교환 체제'로 바뀌어 갔다. 이제 막 자본주의의 문턱에 들어선 일본과 아직 산업자본이 확립되지 못한 청은 영국제 면제품을 조선에 비싸게 팔고 곡물과 금을 헐값으로 사 가는 중계무역을 통해 이익을 챙겼다. 이러한 체제가 지속되자 1877년에서 1882년 사이 조선의 수입 총액 가운데 면제품이 차지하는 비율이 80퍼센트까지 올라갔다. 1893년 무렵에는 조선인 전체 수요 가운데 수입 면제품이 25퍼센트를 차지할 만큼 소비가 늘어났다.

부등가교환에 따라 이익을 보는 자들이 있는가 하면 손해를 보는 사람들도 늘어났다. 국내 토포 생산자들인 소규모 수공업자들은 물론 가내 부업으로 광목을 짜고 원료인 면화를 재배하던 농민들, 장사를 하던 소상인들은 큰 타격을 입을 수밖에 없었다.

수출품은 주로 쌀이나 콩과 같은 곡물, 금, 소가죽이었다. 수출품 가운데 70퍼센트 안팎에 이르렀던 곡물은 대부분 일본으로 빠져나갔다. 산업화 단계에 들어선 일본은 자국 노동자의 저임금을 유지하려고 값싼 조선 쌀을 대량으로 수입했다. 쌀 수출은 농산물 상품화를 촉진시켰고, 그 결과 쌀값은 1883년부터 1894년 사이에 경인 지방에서 일곱 배, 기타 지방에서 두세 배로 뛰어올랐다. 지주들은 조선 시장에 파는 것보다 일본 상인에게 더 비싸게 팔 수 있었고, 일본 상인들은 일본 쌀보다 저렴한 값으로 조선 쌀을 사서 이익을 남겼다. 쌀을 수출해서 이익을 챙긴 지주들은 그 이익으로 다시 땅을 늘려 지주 경영을 확대했다. 반면에 농민들은 더 궁핍해져 땅을 잃거나 소작농의 처지로 떨어졌다.

서양 문물 수입이 늘어나면서 소비 욕구가 커지자 이를 충족하려는 지배층의 수탈과 관료들의 부정부패가 갈수록 심해졌다. 개항 이후 외교 관계가 확대되면서 새로운 관청을 신설하고 신식 군대를 설치해 재정 부담이 늘어난 중앙 정부는 부족한 재원을 농민들에게서 확보하려 했다.

1892년 8월에 벌어진 전라도 '선운사 마애불 비기 사건'은 1894년 농민전쟁을 앞둔 시기의 분위기를 알려 주는 상징적인 사건이다. 선운사에서 4킬로미터 가까이 계곡을 따라 깊숙이 들어가면 도솔암 옆 남쪽에 칠송대라는 암벽이 나타난다. 이 암벽에는 고려 초기 지방 호족의 지원으로 조성된 것으로 추정되는

전라북도 고창군 선운사 도솔암의 마애여래좌상

높이 17미터 크기의 거대한 마애불이 새겨져 있다. 그런데 이 마애불 명치 부분에 설치된 복장 감실에 숨겨져 있는 비결이 세상 밖으로 나오는 날 한양이 망한다는 소문이 흘러 다녔다. 마침 "이게 나라냐? 이런 놈의 세상 뒤집어졌으면 좋겠다"라는 바람이 확산되던 때였다. 전라북도 무장의 손화중孫華仲 접接은 비결을 꺼내 세력을 확장할 계기로 삼으려 했다.

문제는 비결을 꺼내는 사람이 벼락살을 맞아 죽을 수도 있다는 것이었다. 이야기가 분분한 와중에 오하영吳河泳이라는 도인이 예전에 이미 전라도 관찰사였던 이서구李書九가 비결을 꺼내본 적이 있었는데, 그때 벼락살이 해소되어 아무 일 없을 거라고 주장했다. 그리하여 손화중 접은 그들을 가로막는 선운사의 중들을 묶어 놓고 대나무로 엮은 사다리를 타고 올라가 비결을 꺼냈다. 이 일에 참가한 사람의 다수가 무장현에 잡혀 들어갔다. 특히 강경중姜敬重, 오지영吳知泳, 고영숙高永叔 3인이 주동자로 몰려 사형을 선고받았으나 밖에서 손을 써 풀려났다.

오지영의 《동학사東學史》에는 '석불비결'이라는 제목으로 이 사건의 전모가 자세히 실려 있다. 매천梅泉 황현黃玹은 《오하기문梧下記聞》에서 "그들은 '무장의 산골 절벽 속에서 용당선사의 예언서를 얻었다. 지금은 거사를 할 시기이니 때를 놓쳐서는 안 된다'라는 헛소문을 퍼뜨렸고, 계사년(1893) 2월에 충청북도 보은 땅으로 모두 모이라는 소식을 은밀히 전파했다"라고 쓰기도 했다. 이처럼 '선운사 마애불 비기 사건'은 1894년 이전 '난리'라도 터지기를 바라던 사회 분위기가 어떠했으며, 손화중의 무장 접에서 비기를 어떻게 이용했는지 보여 주는 상징적인 사건이다.

밥과 사람이 하늘인 세상

아래로부터
솟구친 혁명의
물결

1862년 농민항쟁 이후 산발적으로 일어나던 농민항쟁은 1890년대 들어 빈번해졌다. 1893년에는 70여 개 가까운 군현에서 농민항쟁이 일어났다. 고향을 떠나 화적이 된 농민들은 곳곳에서 활빈당을 결성하거나 변란을 일으켰다. 동학에 의지하여 새로운 세상을 꿈꾸기도 했다.

　1860년 최제우崔濟愚가 창도한 동학은 1864년 그가 처형된 뒤에도 양반과 관리들에게 수탈당하던 농민들 사이에 빠르게 전파되었다. 1890년대 들어서는 남부 지방까지 교세가 확대되었다. 사회를 변혁하려는 농촌 지식인들이 동학의 조직과 사상을 활용하고 동학에 모여드는 농민들의 힘으로 세상을 바꾸려고 동학에 들어갔다. 성리학을 지배 이념으로 삼고 있던 지배층들은 동학을 사회 질서를 문란하게 하는 사교라고 탄압했다.

1892년에 동학교도들은 충청남도 공주와 전라북도 삼례에서 최제우의 명예를 회복하고 동학을 인정하라며 대규모 집회를 열었다. 1893년 2월에는 동학 간부 40여 명이 서울로 올라가 광화문 앞에서 사흘 동안 상소 운동을 벌였으나 강제로 해산당했다. 이에 동학교도와 농민들은 같은 해 3월 충청북도 보은에서 2만 명 이상이 모인 대규모 집회를 열었다. 선무사로 파견된 어윤중魚允中이 왕에게 올린 장계를 보면 보은에 모인 참가층은 다음과 같았다.

조금 재주가 있는 것들로 불평이 가득 차 뜻을 얻지 못하는 자들, 탐학이 횡행하는 것을 분하게 여겨서 민중을 위하여 그 목숨을 구해 보려는 자들, 바깥 오랑캐들이 우리의 이권을 빼앗는 것을 통분하게 여겨 망령되이 이를 막아 보겠다고 큰소리치는 자들, 탐관오리에게 수탈당하고도 호소할 곳이 없는 자들, 곳곳의 양반 토호로부터 공갈 협박을 받아 목숨을 부지할 수 없는 자들, 온 나라에서 죄를 짓고 목숨을 도망한 자들, 지방 관아에 딸린 무리로 의지할 곳 없어 떠돌아다니는 자들, 농사를 지어도 남는 곡식이 없고 장사를 해도 남는 이익이 없는 자들, 무지몽매한 것들이 풍문을 듣고 동학에 드는 것으로 살 곳을 찾았다고 여기는 자들, 빚을 지고서 그 독촉에 견디지 못하는 자들, 상놈 천민으로 한번 출세해 보려는 자들(…)

밥과 사람이 하늘인 세상

이들은 세상을 바꾸어 자신들의 불우한 처지를 바꾸고 싶은 민중이었다. 전봉준全琫準이 1895년 재판을 받으면서 말한 '원민冤民'은 주로 이런 사람들이었다.

이 무렵 전라북도 금구 원평에서도 비슷한 규모의 농민들이 집회를 열어 "일본과 서양을 몰아내자"라는 구호를 외치며 서울로 올라가서 부패한 관리들을 몰아내고 외세를 배척하자는 주장을 내걸었다. 1893년 11월에는 전봉준을 비롯한 고부, 고창, 부안, 정읍 등지의 지도자 20여 명이 송두호宋斗浩의 집에 모여 다음과 같은 뜻을 결의하고 사발통문을 만들어 돌렸다.

1. 고부성을 격파하고 군수 조병갑의 머리를 벨 것
2. 무기 창고와 화약 창고를 점령할 것
3. 군수에게 아부하여 백성에게 탐학한 탐관오리를 징치할 것
4. 전주감영을 점령하고 서울로 곧바로 올라갈 것

모의에 참가한 20명의 나이는 평균 37세였다. 평균 나이를 높인 66세 송두호, 53세 송인호宋仁浩를 빼면 35세였다. 이들은 먼저 고부성을 점령하여 조병갑의 머리를 베고 탐학한 관리들을 치겠다고 선언했다.

1892년 군수로 부임한 조병갑趙秉甲은 탐관오리의 전형이었

다. 이미 보가 있는데도 새로 만석보를 쌓아 물세를 더 거뒀고, 흉년이 들었는데도 강제로 세금을 물렸으며, 갖은 명목으로 농민들을 착취했다. 지방 조세를 걷어 서울로 운반하는 임무를 맡은 전운사 조필영趙弼永과 전답의 측량과 등급을 조사하는 균전사 김창석金昌錫의 탐학도 이루 말할 수 없었다. 그리하여 변혁을 꿈꾸던 이들은 고부라는 한 고을의 문제만 해결하는 데서 끝나는 것이 아니라 전주감영을 점령한 뒤 서울까지 쳐올라 가겠다는 '경사직향京師直向'을 결의했다.

그런데 사발통문 모의는 중앙에서 조병갑을 익산 군수로 발령함에 따라 유보되었다. 원한의 핵심인 주 타격 대상이 사라졌기 때문이다. 그러다 1894년 1월 조병갑이 다시 고부 군수로 임명되자 고부 농민들은 바로 봉기에 나섰다.

활동 양상을 보았을 때 고부 봉기는 이전의 농민항쟁과 크게 다르지 않았다. 전봉준은 고부 봉기를 일으킨 뒤 각지에 격문을 보내어 봉기할 것을 촉구했지만, 1862년 임술민란壬戌民亂 때처럼 다른 지역에서 자연발생적이고 동시다발적인 항쟁이 터져 나오지는 않았다. 전봉준은 무장으로 가서 호남 지방에서 동학 조직의 세력이 가장 컸던 손화중을 설득해서 의식적인 기포를 준비했다.

우리는
더 이상 물러서지
않으리

전봉준과 손화중은 각지의 동학 지도자들에게 무장으로 집결하도록 촉구하는 격문을 보냈다. 10여 일 사이에 3000~4000여 명의 농민들이 무장으로 모였다. 무기와 군량을 마련한 농민군은 3월 20일 창의문을 발표하고 "제폭구민除暴救民 보국안민輔國安民"의 기치 아래 싸움에 나섰다. 하지만 무장 창의문에서 드러나는 의식은 국왕에 대한 환상에서 크게 벗어나지는 못했다. 국왕은 자애가 넘치고 현명한 존재이나 신하들은 그렇지 못하므로 타도해야 한다는 내용이었다. 창의문이 곳곳에 전해지자, 농민들은 "옳다 인제는 되었다. 하늘의 섭리가 어찌 무심하랴. 이놈의 세상은 얼른 망해야 한다. 망할 것은 얼른 망해 버리고 새 세상이 와야 한다"라며 기대를 가지고 호응했다.

무장에서 출발한 4000여 명의 농민군은 고부관아를 점령한 뒤, 3월 25일 고부군 두지면에 있는 무기고와 화약고를 점령하여 무기를 확보하고 백산白山에 도착했다. 현재 전라북도 부안군 백산면 용계리에 있는 백산은 1894년 농민전쟁 때 농민군이 두 번 근거지로 삼았던 곳이다. 고부 농민봉기 시기에는 고부 관아를 점령했던 농민 주력군이 진을 치고 사태의 추이를 지켜보며 제1차 농민전쟁을 모색한 곳이었고, 제1차 농민전쟁 시기에는 3월 25~26일 무렵 '백산 대회'가 열린 곳이었다. 백산은 1894년 당시에는 고부군에 속했고 1913년 부안군에 편입되었다. 서쪽으로는 부안, 남쪽으로는 고부, 동쪽으로는 태인·금구·원평·전주로 통하는 교통의 요지다. 고부 관아까지는 8킬로미터, 전봉준 고택이 있던 조소리까지는 7킬로미터 거리다. 남동쪽으로는 경사가 완만하나 북서쪽으로는 급경사를 이루고 있고, 앞으로는 동진강이 흐르고 있어 주둔과 방비에 적합한 군사적 요충지였다.

백산 기슭에는 1894년 당시 4000여 석의 쌀을 저장한 세곡 창고가 있었다. 농민군은 세곡 창고를 장악하여 쌓아 놓은 곡식을 군량으로 확보했다. 오지영은 《동학사》에서 백산대회 때 "군량은 조병갑이 받아 놓은 수세미水稅米 몇 천 석으로 대략 충당했다"라고 했다.

1894년 농민전쟁에서 전봉준과 함께 양대 지도자였던 김개남金開南이 이끄는 태인 쪽 농민군 4000여 명은 무장으로 가지 않고 곧장 백산으로 왔다. 무장이나 태인 등 각지에서 농민들은 기포를 선언하고 나름대로 출정식을 가진 후 백산으로 모여 들었을 것이다. 그렇다면 '백산 대회'는 본격적인 제1차 농민전쟁을 위한 '본 대회'와 같은 성격이라고 할 수 있다. 3월 25일 백산에 결집한 농민군은 26일 오후까지 백산 대회를 치르면서 각 지역 농민군의 연합부대로서 조직을 편제하여 "전봉준이 대장이 되고, 손화중, 김개남이 총관령이 되고, 김덕명金德明, 오시영吳時泳이 총참모가 되고, 최경선崔景善이 영솔장이 되고, 송희옥宋喜玉, 정백현鄭伯賢 등이 비서가 되었다."(오지영,《동학사》) 그들은 다음과 같은 4개항의 명분도 내세웠다.

1. 사람을 죽이지 않고 재물을 상하게 하지 않는다(一曰 不殺人 不殺物).

2. 충·효를 함께 갖추어 세상을 구제하고 백성을 편안히 한다(二曰 忠孝雙全 濟世安民).

3. 일본 오랑캐를 몰아내고, 성인의 도리를 맑고 깨끗이 한다(三曰 逐滅倭夷 澄淸聖道).

4. 군사를 몰아 서울로 들어가 권귀들을 모두 없애 버리고 기강을 떨치며 명분을 바로 세워 성인의 가르침을 따른다(四曰 驅兵入京

盡滅權貴 大振紀綱 立定名分 以從聖訓).

충효를 내세우고 '성도聖道'와 '성훈聖訓'을 내세우는 것을 보면 유교적 질서나 왕을 부정하지는 않았다. 그러나 네 번째 항목 '구병입경驅兵入京'은 사발통문 모의 때 내걸었던 '전주영을 함락하고 경사로 직향한다(京師直向)'라는 결의를 다시 분명히 밝히고 있다. 백산 대회에 모인 농민군은 다음과 같은 내용으로 투쟁의 방향과 목표를 담은 격문을 만들어 각지에 보냈다.

우리가 의를 들어 이에 이름은 그 본의가 결코 다른 데 있지 아니하고 창생을 도탄의 속에서 건지고 국가를 반석 위에다 두고자 함이다. 안으로는 탐학한 관리의 머리를 베고 밖으로는 횡포한 강적의 무리를 구축하고자 함이다. 양반과 부호의 앞에서 고통을 받는 민중들과 방백과 수령의 밑에 굴욕을 받는 소리小吏들은 우리와 같이 원한이 깊은 자이다. 조금도 주저하지 말고 이 시각으로 일어서라. 만일 기회를 잃으면 후회하여도 돌이키지 못하리라. 갑오 3월 일 호남창의대장소 재백산

이 짧은 격문 안에는 투쟁의 목표와 타도 대상, 주체와 제휴 세력이 간결하고 확실하게 드러나 있다. 이 격문은 오지영의

밥과 사람이 하늘인 세상

《동학사》에만 들어 있어 실재했느냐에 대한 논란이 있다. 그러나 이전 무장포고문에서도 '의기를 들어 보국안민을 위해 목숨을 바칠 것을 맹세'했고, 이후에도 곳곳에서 '의기를 들어 떨쳐 일어난 것은 탐관오리를 징계하려는 데 있다'라고 선언했듯이 '의'를 강조하고 폐정개혁을 통해 보국안민을 실현하려는 목표는 분명했다. 다만 《동학사》에 실린 격문은 1920년대 사회과학의 영향을 받아 내용을 재구성하고 현대식으로 표현한 것으로 보인다.

격문이 발표되자 "호남 일대는 물론이요 전 조선 강산이 고부 백산을 중심으로 흔들흔들했다" 할 정도로 온 민중이 동요했다. 농민군의 타도 대상은 지배 세력인 탐학한 관리, 방백과 수령, 양반과 부호, 침략 외세였으며, 투쟁 주체는 타도 대상에게 고통받던 농민을 중심으로 하는 민중이었다. 농민군은 여기에다 아전층까지 끌어들여 힘을 키우려고 했다. 대상의 힘을 약화시키거나 무력화하려는 의도도 깔려 있었을 것이다.

1894년 백산에 모인 농민들이 고부 배들평야와 동진강 건너 김제 만경평야를 내려다보는 심정은 어떠했을까? 그때는 지금처럼 반듯반듯하게 경지 정리가 되지 않았을 아득한 평야를 보면서 "봄부터 가을까지 겨울에도 쉬지 못하고 1년 내내 허리가 휘어지도록 뼈가 빠지도록 일하는 저 땅은 뉘 땅인가, 저 곳에서 난 쌀을 누가 빼앗아 어디로 가져갔을까" 하고 분노했을 것이다. 양반과 상놈이 위아래로 나뉘지 않는, 차별 없는 세상을 만들자고 외쳤을 것이다. 즉 백산이라는 공간 자체가 어느 농민군 지도자보다도 더 뛰어난 선동꾼이었다. 백산을 가득 덮은 농민들은 흰옷을 입고 죽창을 들어 "서면 백산이오 앉으면 죽산"이라는 살아 있는 신화를 만들며 투쟁의 결의를 다졌다.

백산 대회를 마친 농민군은 3월 26일 유시酉時(오후 5시~7시) 무렵 백산에서 내려가 동진강을 건너 태인의 세곡 창고가 있던 용산면 화호 신덕정리에 주둔하여 군량미를 보충했다. 농민군의 봉기 소식을 들은 조선 정부는 4월 2일 홍계훈洪啓薰을 양호초토사로 임명하고 장위영 병정 800여 명을 보내 농민군을 토벌하도록 했다. 경군이 도착하지 않은 상황에서 전라감사는 감영군과 각 지역의 군대, 보부상을 동원하여 농민군 진압에 나섰다.

농민군은 4월 6일, 7일 감영군을 황토재로 유인한 뒤 기습해서 크게 이겼다(황토재 전투). 황토재 전투에서 승리한 농민군은 남쪽으로 방향을 돌려 정읍, 흥덕, 고창, 무장, 영광, 함평을 함락했다. 중앙의 경군을 유인하고 더 많은 농민군과 무기를 모으려는 작전이었다. 농민군은 각지에서 탐관오리를 처벌하고 포악한 지주와 양반을 처단했다. 노비문서와 토지문서를 불살랐으며, 감옥에 갇힌 무고한 농민들을 석방하고 창고를 열어 곡식을 분배했다.

　농민군은 4월 23일 장성 황룡촌에서 중앙에서 파견한 홍계훈의 경군 가운데 대관 이학승李學承이 이끌던 300여 명과 싸워 또 다시 크게 이겼다(황룡촌 전투). 닭둥우리로 쓰던 장태를 적절히 이용한 것이 큰 성과를 보았다. 황룡촌 전투는 1811년 평안도 농민전쟁 이후 83년 만에 출동한 중앙의 경군과 맞서 싸워 이긴 값진 승리였다. 장성 황룡촌 싸움의 여세를 몰아 전주성을 향하던 농민군은 원평에서 경군에게 줄 내탕금內帑金 1만 냥을 운반하던 선전관 이주호李周鎬와 국왕의 윤음을 전하러 온 이효응李斅應, 배은환裴垠煥의 목을 베었다. 1862년 70여 개 군현에서 민란이 일어났지만 단 한 명의 수령도 처형하지 못했던 양상과 대비되는 행동이었다.

　백산 대회를 마치고 움직이기 시작한 지 꼭 한 달 뒤인 4월 27일, 농민군은 국가 재정을 4할 넘게 담당하던 호남의 중심 전주성까지 점령했다. 홍계훈이 병졸을 샅샅이 끌어 모아 남쪽으로 내려갔기 때문에 큰 싸움 없이 전주성에 무혈 입성할 수 있었다. 감사 김문현金文鉉은 도망치고, 판관 민영승閔泳昇은 경기전 참봉이 가지고 가던 이성계의 어용을 빼앗아 위봉산 봉정사로 옮기기 바빴다. 1893년 말, 원평집회로 따지면 1년이 넘었고, 고부 봉기로부터 4개월이 못 되어 동학농민군이 거둔 최대의 승리였다. 전주성 점령은 전라도뿐 아니라 충청, 경상, 경기, 강원, 황해도 지역의 농민들을 고무하여 투쟁으로 이끄는 계기가 되었다.

그러나 농민군은 전주성 밖을 둘러싸고 있는 완산을 방치하는 치명적인 오류를 범했다. 4월 28일, 홍계훈이 직접 거느리고 온 장위영병, 법성포에서 합류한 총제영병, 전라도 일대의 영병과 향병 2000여 명은 완산칠봉을 중심으로 남서쪽에서 북서쪽에 이르는 황학대(다가산), 유연대 일대에 진을 쳤다. 남서쪽 산줄기에서 전주성을 포위한 꼴이었다. 전주성의 농민군과 완산에 진을 친 경군 사이에 전투가 몇 차례 벌어졌는지는 분명하지 않다. 홍계훈은 완산 싸움의 결과를 두 차례 보고 했으나, 5월 8일 농민군이 전주성을 철수할 때까지 크고 작은 접전이 여러 차례 벌어졌다.

완산 전투에서는 관군의 희생자도 많았으나 농민군의 희생이 더 컸다. 완산 곳곳의 중요한 요지를 미처 장악하지 못하고 뒤따라오던 홍계훈의 경군에게 넘겨준 탓이다. 또한 전주성 입성에 급급했으며, 태조 이성계의 초상화를 봉안한 경기전이 있는 전주성만큼은 포격하지 않을 것이라고 방심한 결과였다. 완산 전투에서의 패배는 농민군이 전주성에서 퇴각하는 계기가 되었다. 결국 사발통문 모의와 백산 대회에서 결의했던 '경사직향'

의 꿈은 유보되어야 했다.

농민군이 전주성을 점령하자 조선 정부에서는 김학진金鶴鎭을 전라감사로 임명하여 농민군을 회유하는 한편 청에 출병을 요청했다. 5월 5일 청군이 아산만에 도착했고, 일본군도 바로 다음날 톈진조약을 구실 삼아 인천항에 상륙했다. 수천 명의 외국군이 조선 땅에서 싸움을 벌일지도 모르는 급박한 상황이 전개되었다. 상황이 이렇게 되자 완산 전투 과정에서 서로 사기가 저하된 농민군과 경군의 위기감이 고조되었다. 경군은 후방에서 농민군 지원부대가 언제 도착할지 몰라서 두려웠고, 농민군은 후원군이 올 것이라는 확신이 없어 초조했다. 전봉준과 홍계훈 사이에 몇 차례 문서가 오고 갔다. 마침내 5월 7일, 경군이 농민군의 요구가 담긴 폐정개혁안을 정부에 전달하고 철수하는 농민군의 신분을 보장한다는 조건으로 합의가 이루어졌다.

3

위아래 차별 없이,
굶어 죽을
걱정 없이

1894년 농민전쟁뿐 아니라 어떤 민중운동의 역사도 지도자들만이 싸워 이룬 것이 아니다. 이름은 있으되 역사에 그 이름이 기록되지 않은 수많은 민중이 참가하여 만들어낸 것이다. 이렇게 농민전쟁 역사에 이름을 남기지 못하고 쓰러져 간 농민군의 넋을 위로하고 추모하고자 1994년 9월, 정읍 동학농민혁명 계승 사업회가 주축이 되어 사발통문이 발견된 전라북도 정읍시 고부면 신중리 주산마을 대뫼 녹두회관 앞에 '무명 동학농민군 위령탑'을 세웠다.

5미터 높이의 주탑과 주탑을 둘러싼 1~2미터의 보조탑 32개로 구성된 이 탑은 무명 동학농민군을 위해 최초로 세워진 조형물이다. '탑'이지만 하늘을 찌를 듯이 우뚝 솟아 있지 않다. 가운데 주탑은 '無名東學農民軍慰靈塔(무명동학농민군위령탑)'이

전라북도 정읍시 고부면에 있는 무명 동학농민군 위령탑

라고 이름을 새긴 받침대 위 네모난 화강암 판에 쓰러진 동료를 일으켜 감싸 안은 채 죽창을 들고 외치는 농민군의 모습을 얕게 파서 새겼다. 토막토막 따로 세운 보조탑에는 '밥이 하늘'을 상징하는 밥그릇, 무명 농민군의 얼굴, 농민들이 무기로 썼던 농기구를 새겼다. 화강암 돌기둥 위, 아래, 중간에 새긴 농민군 머리는 각각 표정과 거칠기를 달리하여 삶과 죽음을 표현했다.

무명 동학농민군 위령탑을 세울 때 주탑을 중심으로 보조탑 사이사이에 공간을 둔 이유는 그 사이로 가까이 다가가 돌아다니면서 자세히 들여다보고 안아도 보고 손으로 쓰다듬어 보라고 그런 것이다. 쳐다보기만 하는 먼 역사가 아니라 조형물로 끌어 당겨 역사를 가깝게 느낄 수 있게 한 배려다. 그런데 주탑이 직사각형 액자 틀 같아서 답답해 보이고, 보조탑 어느 기둥에도 농민전쟁에 참여했던 여성들과 어린이들의 모습은 없다. 모두 어른 남자 머리뿐이다. 아직 남성 중심, 어른 중심의 시각에서 벗어나지 못했다.

이름은 있으되 역사 속에 이름을 남기지 못한 수많은 무명농민군들의 요구와 꿈은 무엇이었을까? '도소 – 집강소' 체제 때 농민군이 요구한 폐정개혁안이나 활동에서 보여 준 행동에서 그 꿈을 짐작해 볼 수 있다.

농민군은 5월 8일 전주성을 철수하면서 27개 조목의 폐정개혁안을 정부에서 받아들이도록 홍계훈에게 요구했다. 27개 조목 가운데 전봉준 판결문에 수록된 14개 조목은 다음과 같다.

1. 전운소를 혁파할 것
2. 국결國結을 더하지 말 것
3. 보수상인들의 작폐를 금할 것
4. 도내 환전은 구 감사가 거두어 갔으니 민간에 다시 징수하지 말 것
5. 대동미를 상납한 기간에 각 포구 잠상의 미곡 무역을 금할 것
6. 동포전은 매호 봄가을마다 2냥씩 정할 것

7. 탐관오리들을 파면시켜 쫓아 낼 것

8. 임금의 총명을 가리고 관작을 팔아 국권을 조롱하는 자를 아울러 축출할 것

9. 관장은 담당 고을에 묘를 쓰지 말 것이며 논을 거래하지 말 것

10. 전세는 전례에 따를 것

11. 연호 잡역을 줄여 없앨 것

12. 포구의 어염세를 혁파할 것

13. 보세와 궁답은 시행하지 말 것

14. 각 고을에 원이 내려와 백성의 산에 장사를 지내지 말 것

　농민군의 요구, 격문, 원정 등을 종합해 보면 판결문에 실려 있지 않은 나머지 13개 조항도 짐작해서 보충할 수 있다. 27개 조항의 폐정개혁안을 정리해 보면 탐관오리·양반·토호들의 탄압과 경제적 수탈을 금지할 것, 노비 제도를 폐지하여 신분상의 차별 대우를 없앨 것, 무명잡세를 폐지하고 고리대를 무효화할 것, 친일분자를 처벌하고 미곡의 일본 유출을 금지할 것 등이다. 모두 양반과 정부의 지배 체제를 비판하고 일본과 외세의 조선 침탈을 반대하는 내용이었다.

　농민군은 정부에 폐정개혁안 실시를 압박하는 한편, 전라도 각 지역에 농민군의 조직 체계이자 지휘부인 도소都所를 설치하

고 스스로 폐정개혁을 실시했다. 그런데 그 즈음이었던 6월 21일 일본군이 경복궁을 점령하고, 6월 23일 아산에서 청과 일본이 해전을 벌이면서 청일전쟁이 시작되었다. 정세가 크게 바뀌고 민족의 위기가 높아지자, 7월 6일 전봉준과 김학진은 전주회담을 열어 '관민상화'의 원칙에 따른 집강소를 설치하기로 합의했다. 회담의 핵심은 각 고을에 집강소를 설치하여 치안 질서를 바로잡는 일이었다. 전봉준과 김개남은 7월 15일 남원에서 농민대회를 열고 전주회담 결과를 알렸다.

집강소에는 총책임자인 집강과 그 밑에 서기, 성찰, 집사, 동몽이 문서를 작성하고 치안과 행정을 담당했다. 집강소는 치안 유지가 주였으나 지역에 따라 민정기관, 자치기관으로 폐정개혁을 담당하는 역할도 했다. 집강소 체제는 우리 역사에서 처음으로 투쟁을 통해 얻어 낸 정치적 성과물이며, 민중이 주체가 되어 지방의 질서와 치안을 담당하는 자치 권력 기구였다.

농민군 조직인 도소와 관민상화에 따라 만들어진 집강소 체제 아래에서 농민군이 추진하려던 개혁은 폐정개혁안 27개 조항 외에 오지영의 《동학사》에 실려 있는 집강소 강령 12조항이 있다. 집강소 강령 12조항의 내용은 다음과 같다.

1. 도인(동학교도)과 정부 사이에는 묵은 감정을 씻어 버리고 행정에

협력할 것

2. 탐관오리의 죄목을 조사하여 하나하나 엄징할 것

3. 횡포한 부호들을 엄징할 것

4. 불량한 유림과 양반들을 징벌할 것

5. 노비문서는 불태워 버릴 것

6. 칠반천인의 대우를 개선하고 백정 머리에 씌우는 패랭이를 벗게 할 것

7. 청춘과부의 재혼을 허락할 것

8. 무명잡세를 모두 폐지할 것

9. 관리 채용은 지벌을 타파하고 인재를 등용할 것

10. 왜와 내통하는 자는 엄징할 것

11. 공사채를 막론하고 지난 것은 모두 무효로 할 것

12. 토지는 평균으로 나누어 경작하게 할 것

가난한 농민들과 천민, 유랑민들은 탐관오리와 포악한 양반과 부호를 처벌하고, 노비문서를 불태워 스스로 신분을 해방시키고, 고리대를 탕감하고 청춘과부의 재혼을 허용하며, 규정에 없는 각종 세금을 폐지하고, 경자유전의 원리에 따라 토지를 나누어 경작할 것을 추구했다.

집강소 시기의 사회 분위기를 잘 보여 주는 예가 원평에 있

는 농민군 집강소 건물이다. 이 건물은 백정 동록개가 전봉준에게 기증한 것이라고 한다. 농민들이 치열하게 싸워 "칠반천인七班賤人의 대우는 개선하고 백정白丁 두상頭上에 평양립平壤笠은 탈거脫去할 사事" 하는 성과를 얻어 냈으니 백정 노릇을 하며 번 재산을 좋은 세상 만드는 일에 쓰라고 바친 사례였다. 황현의 《오하기문》에는 집강소기 농민군 사이의 관계가 어떠했는지를 보여 주는 아래와 같은 내용이 실려 있다.

간혹 양반 중에는 주인과 노비가 함께 적을 추종한 경우도 있었는데, 이들은 서로를 '접장'이라고 부르면서 적의 법도를 따랐다. 백정이나 재인들 또한 평민이나 양반과 더불어 평등한 예를 행하여 사람들은 더욱 이를 갈았다. (…)
적은 서로 대하는 예가 매우 공손했으며 신분의 귀천이나 나이에 상관없이 평등한 예로 대했다. 비록 접주라고 불리는 사람 중에서 남보다 뒤처지는 사람이 있다 하여도 적들은 정성껏 섬겼다.

충청도 접주였던 홍종식은 투쟁 과정에서 경험했던 농민군의 수평적 관계의 실체를 다음과 같이 증언했다.

이때에 있어서 제일 인심을 끈 것은 커다란 주의나 목적보다도 또

밥과 사람이 하늘인 세상

는 조화나 장래의 영광보다도 당장의 실익 그것이었습니다. 첫째,

입도만 하면 사인여천事人如天이라는 주의 하에서 상하·귀천·남

여·존비 할 것 없이 꼭꼭 맞절을 하고 경어를 쓰며 서로 존경하는

데서 모두 심열성복心悅誠服이 되었고, 둘째, 죽이고 밥이고 아침

이고 저녁이고 도인이면 서로 도와주고 서로 먹으라는 데서 모두

집안 식구같이 일심단결이 되었습니다. 그때야말로 참말 천국천민

들이었지요.

위아래 차별 없고 굶어 죽을 걱정 없이 살 수 있는 '밥과 하늘

이 중심인 세상'의 모습이었다. 농민군 사이에서 뿐만 아니라

전 사회를 이렇게 만들려는 바람이 동학농민군의 지향이었다.

1894년
하늘 아래
두 개의 태양

1894년 농민전쟁의 5대 지도자로 흔히 전봉준, 김개남, 손화중, 김덕명, 최경선을 거론한다. 그 가운데 가장 먼저 떠오르는 인물은 전봉준일 것이다. 그는 백산에서 농민군 조직 체제를 편제할 때 총대장이 되었다.

한편 집강소 시기에는 백산 대회 이후의 조직 체계가 무너지고 "전봉준은 수천의 무리를 거느리고 금구 원평에 웅거하면서 전라우도를 호령했고, 김개남은 수만의 무리를 거느리고 남원성에 웅거하면서 전라좌도를 통할했다. 그 나머지 김덕명·손화중·최경선 등은 각각 어느 한 곳에 웅거했다"(《갑오약력》)라고 하는 기록에서 알 수 있듯이, 농민전쟁의 2대 지도자로는 전봉준과 김개남을 꼽을 수 있다.

백산 대회에서 전봉준은 각 지역에서 농민군 지도자들이 이

77는 독자성 강한 세력을 통합하여 강온양면強穩兩面을 구사할 수 있는 정치력과 협상력이 뛰어났기 때문에 총대장이 되었다. 게다가 원평을 근거지로 활동한 농민군 지도자 김덕명의 후원이 큰 힘이 되었다. 김덕명은 금구 원평 지역의 4대 토반 가운데에서 제일 힘이 컸던 언양 김씨 문중의 핵심 인물이었다. 나이도 전봉준과 김개남보다 10여 살 위인 50대 줄이었다. 그런 까닭으로 김덕명은 농민군들의 조직을 조율하고 필요한 재정을 지원하는 데에 큰 역할을 했다.

전봉준에 비해 김개남은 비타협·반봉건 강경 노선을 폈고, 농민군 동원력도 뛰어났다. 제1차 농민전쟁으로 전주성을 점령한 뒤 집강소 시기의 남원은 요즘으로 치면 민중 권력이라 할 만큼 김개남의 농민군이 틀어쥐고 있었다. 8월 하순 남원에서 농민대회가 열렸을 때 전봉준, 김개남, 손화중이 나눈 대화를 통해 3대 지도자의 성향을 엿볼 수 있다.

전봉준 시세를 보니 왜와 청이 싸워 한쪽이 이기게 되면 반드시 군사를 옮겨 우리를 칠 것이다. 우리 무리가 많기는 하나 오합이어서 쉽게 무너질 것이니 끝내 뜻을 이룰 수가 없을 것이다. 귀화를 핑계해서 여러 고을에 흩어져 있다가 천천히 그 변화를 살펴보자.

김개남 대중이 한번 흩어지면 다시 규합하기가 어렵다.

손화중 우리들이 기의한 지 거의 반년이 되어 비록 한 도가 호응했지만 이름난 사족이 따르지 않고 재물 있는 자가 따르지 않고 선비가 따르지 않는다. 서로 접장이라 부르는 자는 어리석고 천한 무리로 화 만들기를 즐기고 도둑을 일삼는 무리뿐이다. 인심의 향배를 징험해 보니 일이 반드시 성공치 못할 것이다. 사방에 흩어져 목숨을 보존하는 것이 좋겠다.

　민중운동의 지도자는 대중의 투쟁에 영향을 미치며, 대중도 자기들의 요구와 의지를 제대로 반영할 지도자를 만들어 낸다. 전봉준 관할의 전라우도는 평야 지대라 남의 땅일망정 농사지을 땅이 있는 농민들이 중심이었다. 목숨을 내걸고 싸움에 나섰어도 농번기 때는 마음이 농사지을 땅에 가 있는 농민들이 대다수였다. 손화중의 농민군은 동학 조직의 영향이 컸다. 반면 김개남 농민군에는 도망 노비, 백정, 승려, 장인, 재인 중심의 천민 부대가 있었다. 지리산 자락을 생활터전으로 삼던 이들은 농번기가 되어도 돌아갈 땅이 없었다. 요즘 식으로 표현하면 전봉준이 이끄는 농민군에는 '정규직 농민'이 다수였고 김개남의 농민군에는 '비정규직 농민'이 많았다는 뜻이다.

　그러면 전봉준은 1894년 농민전쟁을 통해 어떤 정치 체제를 구상했을까? 12월 2일 순창 피로리에서 민정들에게 붙잡힌 전봉준은 나주로 압송되었다가 서울로 끌려가 서울 주재 일본 영사관을 거쳐 법무아문으로 인도되었다. 전봉준은 1895년 2월 9일부터 3월 10일까지 다섯 차례 심문을 받고 진술했다. 그는 심문 과정에서 '한 몸의 피해 때문에 봉기하는 것은 대장부의 짓이 아니다. 뭇 백성이 억울함을 한탄하기 때문에 백성들의 피해를 제거하려고 나섰다'라고 했다. 또한 '전라도 한 도의 탐학한 관리를 제거'하고, '서울의 벼슬아치로서 감투를 팔아먹는 권신을 제거'하면 8도의 탐학관리가 제거될 것이라 보고 봉기에 앞장섰다고 토로했다.

그의 당면 목표는 탐학한 관리와 민씨 척족을 중심으로 한 권신 제거였으나, 민씨 척족 중심의 현존 정권을 타도한 뒤 그가 구상한 정치적 목표는 투쟁 과정에서 조금씩 변해 갔다. 3월 20일 무장기포 당시 발표한 무장 창의문에는 전봉준과 농민군의 정치적 구상과 목표가 잘 드러나 있다.

무장 창의문

사람을 세상에서 가장 귀하게 여기는 까닭은 인륜이 있기 때문이다. 그 가운데서도 군신과 부자 사이의 인륜이 가장 큰 것이다. 임금이 어질고 신하가 곧으며, 아비가 사랑하고 자식이 효도한 뒤에라야 비로소 집과 나라를 이루어 능히 끝없는 복을 누리게 되는 것이다. 지금 우리 임금께서는 어질고 효성스럽고 자상하고 자애하며, 정신이 밝고 총명하고 지혜가 있으니 현명하고 어질며 정직한 신하가 보좌하여 정치를 돕는다면, 요순의 교화와 문경의 다스림을 가히 해를 보는 것처럼 바랄 수 있으리라.

그런데 지금의 신하된 자들이 나라에 보답할 생각은 아니하고 한갓 봉록과 지위만을 도둑질해 차지하고 임금의 총명을 가리고 갖은 아부와 아첨만을 일삼아 충성된 선비가 간하는 말을 요망한 말이라 하고 정직한 사람을 일러 비도라 하니, 안으로는 나라를 돕는 인재가 없고 밖으로는 백성에게 탐학한 관리만이 많아져 백성들의 마음은 날로 변해 가고 있다. 집에 들어가서는 삶을 즐길 만한 생업이 없고, 나가서는 몸뚱이를 보호할 방책이 없다. 학정은 날로 심해지고 원성은 그치지 않고 있다. 군신의 의리와 부자의 윤리와 상하의 분별이 드디어 다 무너지고 말았다.

관자가 말하길 "예의염치가 펴지지 못하면 나라가 곧 멸망한다" 했는데, 지금의 형세는 옛날보다 더욱 심하다. 공경부터 방백수령에 이르기까지 모두 국가의 위태로움은 생각지 않고 한갓 제 몸만 살찌우고 제 집만 윤택하게 만드는 데 급급하여, 사람을 선발하는 곳을 재물이 생기는 길로 여기고, 과거 보는 곳을 돈 주고 바꾸는 저잣거리로 만들고 있다. 허다한 돈과 뇌물은 국고로 들어가지 않고 개인의 배만 채우고 있다. 나라에는 쌓인 빚이 많은데도 이를 갚을 생각은 하지 않고 교만하고 사치하고 음란하게 놀면서 두려워하거나 꺼려하지 않는다. 온 나라가 어육이 되고 만민은 도탄에 빠졌다. 수령들이 탐학하니 백성이 어찌 곤궁하지 아니하랴. 백성은 나라의 근본이라, 근본이 깎이면 나라가 쇠잔해지는 것이다. 보국안민의 방책은 생각하지 않고 밖으로는 시골집을 건축하여 오로지 제 몸만을 위하면서 한갓 녹봉과 지위만을 도둑질하고 있으니 어찌 옳은 일이라 하겠는가.

우리는 비록 초야의 유민이지만 임금의 토지를 부쳐 먹고 임금의 옷을 입고 사니 어찌 국가의 존망을 보고만 있겠는가. 온 나라가 마음을 합하고 수많은 백성이 뜻을 모아 이제 의로운 깃발을 들어 보국안민으로써 사생을 맹세하노니, 오늘의 광경은 비록 놀라운 일이나 절대로 두려워하거나 움직이지 말고 각자 그 생업을 편안히 하여 다함께 태평세월을 빌고 임금의 덕화를 누리게 되면 천만다행이겠노라.

창의문에는 아직 충효와 인륜, '민유방본民惟邦本'을 중심으로 하는 봉건적 유교 이념을 바탕에 깔려 있다. 유교의 명분과 윤리를 가지고 부패한 양반 관리들을 통렬히 비판하고 투쟁의 정당성을 선포하고 있다. 또한 왕의 존재를 인정하고 '현량정직의 신하'가 왕을 보좌하여 임금의 덕화와 태평세월을 누리는 정치를 꿈꾸었다. 백산 대회에서도 여전히 '성도'와 '성훈'을 강조하며 조선 왕조 체제에 기반을 둔 왕 중심의 정치 구상에서 벗어나지 못했다. 황토현에서 전라도 감영군과 싸워 승리하고 황룡촌에서 경군의 일부와 싸워 승리했을 때도 왕은 그대로 존치하되, 탐관오리를 제거하고 대원군이 섭정하는 대원군 정권으로 바꾸려고 했다. 농민들에게 신망이 높은 대원군을 매개로 농민군의 요구를 실현해 보려는 구상이었다.

전주화약 이후 도소-집강소 체제에서는 중앙의 대원군을 중심으로 하는 개혁 정권과 '관민상화'를 바탕으로 한 농민군 중심의 지방 권력을 통해 농민군의 요구를 실현하려고 했다. 6월 21일 일본군의 경복궁 쿠데타에 따라 친일 개화파 정권이 성립하고 대원군이 섭정의 지위로 입각했다.

그러나 8월 17일 일본군이 청일전쟁에서 대승을 거두고 8월 24일 친일 개화파 정권이 농민군 진압책을 내세울 때, 대원군은 이를 막아낼 정치력도 세력도 없었다. 전봉준과 농민군은 농민들의 요구를 실현하고 일본군과 맞서기 위해 대원군의 역량을 기대했으나, 그를 앞세운 정치적 구상은 실현 가능성이 희박했다. 이러한 상황이 반영된 제2차 농민전쟁 이후 전봉준의 정치 구상을 잘 보여 주는 자료가 다음의 1895년 3월 6일 자《도쿄아사히신문東京朝日新聞》기사다.

밥과 사람이 하늘인 세상

일본병을 쓸어버리고 간악한 관리들을 쫓아내어 임금의 측근들을 깨끗이 제거한 뒤 몇 명 주석의 사士를 세워 정치를 잡게 하며 우리들은 곧 시골로 돌아가 상직인 농업에 종사하는 생각을 했다. 무엇보다 먼저 국사를 모두 일인의 세력가에게 위임하는 것이 큰 폐해임을 알기 때문에 수인의 명사에게 협합하여 합의법에 의해서 정치를 장악하도록 하는 생각을 했다.

즉 전봉준은 왕은 그대로 두되 정치적 실권을 제거하고 대원군의 섭정을 전제했던 정치적 구상에서 벗어나 소수 명사가 합의하여 정치를 꾸리려 했던 것이다.

한편 김개남은 붙잡힌 후 전주에서 바로 처형되었기 때문에 재판도 받지 못했다. 남긴 글도 없다. 그래서 김개남이 실제로 어떠한 투쟁 목표와 구상을 가지고 있었는지 알 수 없다. 그의 행적을 통해 짐작해 보는 수밖에 없다.

'개남開南'이라는 이름은 1894년 농민전쟁의 전개 과정에서 지은 이름이었다. 아마 전주성을 점령한 뒤인 집강소 시기부터 개남이라고 부르기 시작한 것 같다. 꿈에 신인이 나타나서 손바닥에 '개남'이라는 두 글자를 써서 보여 주었기 때문에 이름을 그렇게 고쳤다는 것이다. '개남'은 '남조선을 개벽'한다는 《정감록鄭鑑錄》류의 남조선 개벽 신앙에 바탕을 둔 이름이다. 《정감록》은 남조선에서 조선왕조 대신 정씨 왕조가 일어나고 진인이 출현해 사람들을 구원할 것이라는 내용으로 '후천개벽'이라는 민중의 꿈을 부추겼다. 중앙 권력을 친일 개화파 정권과 일본군이 차지한 상황에서 김개남은 먼저 남쪽 지방을 장악한 뒤 서울로 향하겠다는 의지를 이름에 담았을지도 모른다.

7월 하순 김개남은 소수 정예 100여 명을 이끌고 상이암으로 들어갔다. 상이암은 전라북도 임실군 성수면과 진안군 백운면 사이의 성수산에 있다. 상이암에는 고려 태조 왕건과 조선 태조 이성계가 기도를 올리고 왕이 되었다는 전설이 전해 내려온다.

왕건이 열일곱 살 때 도선과 함께 전국의 명산을 돌아다니다가 이 절에서 103일 동안 기도를 올렸다고 한다. 본디 100일 기도를 하려고 했는데 100일이 지나도 아무런 효험이 없자 사흘 동안 기도를 더해 103일이 되었다고 한다. 그 뒤에 이성계도 이 암자에서 103일 동안 기도를 했다고 한다. 왕건의 기도는 신라가 망하고 나서야 실현되었고, 이성계의 기도는 왕건이 세웠던 고려가 망하면서 이루어졌다. 농민군 2대 지도자 가운데 한 사람인 김개남이 상이암에 머문 까닭도 같은 맥락으로 보인다.

김개남이 상이암에 머문 이유는 김개남에 대해 떠돌던 "김기범이란 자가 개남왕이라 참칭하고 남원부를 분할하여 점거했다"《세장연록歲藏年錄》, "김개남이 남원에 나라를 세우려고 했다"(《일사日史》), "이때 호남의 동학 괴수 김개남이 군사 수만 명을 거느리고 전주를 점거하고 칭호를 참칭하고 좌상·우상과 5조의 장관을 설치하고 붉은 일산을 쓰고 8인이 매는 교자를 탔다. 그리고 연호를 개남이라고 했다"(《나암수록羅巖隨錄》), "일설에 의하면 김개남은 김 씨가 왕이 되는 새로운 왕조를 건설하려했고, 이미 대신 이하 관료들을 임명해 두었다"(《대판조일신문大阪朝日新聞》) 같은 소문과 무관하지 않다. 김개남은 역성혁명을 자신의 정치적 지향으로 삼았거나, 국왕에 대한 환상을 깨는 정치적 선동으로 상이암 전설을 활용하려 했을 것이다.

상이암에 머무는 동안 김개남은 임실 현감 민충식閔忠植을 동학에 입도시켜 형제의 관계를 맺었다. 구례 현감 조규하趙圭夏는 상이암으로 김개남을 찾아가 사촌을 딸려 보내고 자신도 입도하여 서로 '접장'이라고 부르면서 교류했다. 이러한 예에서 보듯이 상이암은 '집강소'를 뛰어넘어 김개남이 힘을 펼쳤던 또 다른 정치 공간이었다. 집강소 시기에 김개남이 상이암에 들어갔던 까닭은 '개남'이라는 이름에 상이암의 전설을 덧붙여 좀 더 근본적인 '변혁의 꿈', 아니면 '역성혁명'의 뜻을 다지고, 자신의 '권력 의지'를 상징적으로 표현하기 위해서였던 것으로 보인다.

전봉준이 삼례에서 다시 싸움을 준비할 때, 김개남은 참서를 근거로 상이암에서 나온 날로 따져 49일 동안 남원에 더 머무르

다가 49일 째 되는 10월 14일 농민군을 이끌고 전주로 떠났다. 10월 15일 임실을 떠날 때 현감 민충식이 행군 도성찰로서 군복을 입고 말에 올라 앞장서서 길을 인도했다. 10월 16일 전주에 도착한 김개남은 남원부사 이용헌李龍憲이 남원을 치고 김개남을 죽일 계획을 세웠다는 이유로 그의 수행원 2명과 함께 목을 쳤다. 고부 군수 양성환梁性煥은 매질 후유증으로 죽었다. 이러한 과정을 보고 화적, 노비, 백정, 장인, 재인을 중심으로 한 천민 부대의 구성원들이 한밤중에 도망갔다고 전해진다.

김개남이 잡혀 목숨을 잃었을 때 농민들은 눈물을 흘리면서 "개남아, 개남아 그 많던 군대 어데 두고 짚둥아리가 웬 말이냐", "개남아, 개남아, 진개남아, 수많은 군사 어데 두고 전주야 숲에 유시됐노" 하면서 그의 최후를 안타까워했다고 한다. 농민군 지도자 가운데 누구보다도 비타협적이고 강경했던 김개남은 '남쪽을 열어' 새로운 세상을 만들 기반을 삼으려던 꿈을 이루지 못한 채 목숨을 잃었다.

지금
여기의
'오래된 미래'

1894년 농민전쟁에서 농민군은 침략자 일본군, 친일 개화파 정권, 보수 유생 토호 세력에 의해 패배했다. 그러나 고대 로마시대 '스파르타쿠스의 난'부터 고려시대 '만적의 난'을 거쳐 지금까지 사람이 사람답게 살 수 있는 세상을 만들려는 투쟁은 끊임없이 깨지고 패배했을지언정 소멸되지는 않았다. 동학농민군들이 외쳤던 "밥이 하늘이다", "사람이 하늘이다"라는 상징적 구호에 함축된 요구와 지향, 그들의 꿈은 지금도 여전히 추구해야 할 '오래된 미래'이며 새로운 세상에 대한 상상력의 원천이다.

아직도 살아 있는 사람들의 '생존권'은 여전히 위협받고 있다. 생존을 유지할 수 없어 목숨을 끊는 사람들의 소식이 이어지고 있다. 권력은 인간의 소중한 자존과 존엄성을 유린하고, 자본은 노동자들을 정규직과 비정규직으로 나누어 서열화하며 경쟁을 부추기고 있다. 노동자들은 사람답게 사는 삶을 잃고 돈의 노예로 전락하여 허덕이고 있다. 지금 여기서 1894년과 같은 '농민전쟁'은 요원해 보인다. 우리는 앞으로 어떻게 '다른 세상'을 만들 수 있을까? 1894년이 던지는 강한 질문이다.

한국 근현대사를 돌아보았을 때 역사의 희망이 소진된 듯하고 역사적 낙관주의가 희미해져 가는 절망의 상황에서 늘 '사건'이 터져 나왔다. 여전히 생존권 문제로 '밥이 하늘'이라고 외쳐야 하고, 인간의 자존과 존엄이 짓밟혀 '사람이 하늘' 대접을 받지 못하는 세상이기에 우리는 아직 1894년 동학농민군이 외쳤던 '밥이 하늘인 세상', '사람이 하늘인 세상'을 향한 꿈을 버릴 수 없다. 그러한 세상은 자본의 지배하는 근대사회가 아니며, 현실의 신자유주의 체제가 아님은 더더욱 분명하다.

동학이
꿈꾼
유토피아

박맹수

세상을
뒤흔드는
사상의 탄생

동학사상이 지닌
혁명적 요소

1894년, 그날이
보여 준 가능성

4

동학東學은 경상북도 경주 출신 수운水雲 최제우崔濟愚가 20여 년에 걸친 구도 끝에 1860년(철종 11) 음력 4월 5일에 이룬 특별한 체험(天師問答)을 계기로 창도되었다. 동학은 종래의 낡은 사상과 문화를 비롯하여 낡은 제도와 낡은 문명 전체를 '다시 개벽'하고자 등장한 '동국의 학'이었다.[1]

서세동점西勢東漸과 삼정문란三政紊亂, 민란의 빈발과 민중의식의 성장 등 전환기적 시대 상황 속에서 등장한 동학을 혁명사상의 관점에서 본 것은 이돈화李敦化 등으로 대표되는 1920년대 천도교계 지식인이 최초였다고 알려져 왔다.[2] 그러나 이 시기 천도교계 지식인의 동학 '혁명'관은 실증적인 연구와 충실한 원原 사료에 근거한 견해가 아닌 '종교적 열정'에 의해 더 크게 좌우된 것이었다고 할 수 있다. 따라서 천도교계 지식인의 동학 '혁명'관은 1930년대 이후 일제의 식민 지배가 더욱 폭압적으로 바뀌고, 그에 따른 천도교 지도부의 친일 전향이 노골화됨에 따라 그 학문적 계승이 단절되기에 이른다. 이리하여 동학을 혁명 사상적 관점에서 연구하고 평가하려는 학계 내부의 움직임은 일제강점 말기부터 해방 정국과 이승만 정권으로 이어지는 시기 동안 지하로 복류伏流할 수밖에 없었다.

동학사상이 다시 혁명 사상으로 재조명되는 것은 1960년대다. 1961년의 5·16군사쿠데타로 집권한 박정희는 동학을 다분히 정치적인 의도에 따라 혁명 사상으로 옷을 갈아입혔다. 1960년의 4·19혁명을 군사쿠데타로 유린하고 집권한 박정희는 정권의 취약성을 호도하기 위한 하나의 방편으로 "대한민국의 역사에는 두 개의 혁명밖에 없다. 하나는 1894년(고종 31)의 동학혁명이고, 다른 하나가 바로 5·16군사혁명이다"[3]라고 말했다. 그런데 박정희가 1894년 동학농민혁명을 혁명으로 평가하는 데는 정치적 의도 외에 또 하나의 배경이 있었다. 바로 박정희 자신이 경상도 선산 출신 동학농민군의 후손이라는 사실이다.[4]

그 곡절이야 어찌 됐든 1960년대에 박정희 정권이 들어서면서부터 동학이 하나의 혁명 사상으로, 그리고 1894년의 민중대봉기가 '동학혁명'으로 명명되기에 이르자, 학계의 연구도 어느

동학이 꿈꾼 유토피아

정도 활성화되기 시작했다. 1950년대 후반에 창간되어 1960년대와 1970년대 초반까지 동학 연구를 주도하는 한국사상연구회韓國思想硏究會 소속 연구자와 그 학술지인《한국사상韓國思想》은 바로 박정희 정권 아래서 동학을 혁명 사상으로, 1894년의 대봉기가 동학혁명으로 자리매김하는 데 일정하게 기여했다.[5] 문제는 바로 그 같은 연구가 정치적 의도 아래 이루어질 수밖에 없었다는 점이다. 이렇게 1960년대 이후 다분히 학문 외적 상황이 크게 작용하는 시대 속에서 혁명 사상으로 주목받던 동학은 1971년 대통령 박정희가 10월 유신을 단행하고, 유신정권이라는 권위주의적 통치를 계속하다가 1979년 10·26사태 당시 암살됨으로써 또다시 연구의 단절과 재평가의 장場으로 넘어가고 말았다.

동학을 혁명 사상으로, 그리고 1894년 대봉기를 혁명으로 자리매김하기 위한 진정한 의미의 연구는 1980년 5월 광주에서 일어난 민중항쟁이 계기가 되었다고 일컬어진다. 주지하듯이 '광주민중항쟁'이 한국의 지식사회에 끼친 영향은 매우 근본적이면서도 광범위한 것이었다. 국민의 생명과 재산을 지키는 것을 그 지고至高의 사명으로 하는 국군이 민주화를 요구하는 자국민을 폭도로 몰아 학살한 1980년 5월의 광주민중항쟁이야말로 당시의 모든 지식인, 학생, 연구자를 커다란 충격 속으로 몰아녕은 전대미문의 대사건이었기 때문이다.

그리하여 5월 광주 이후 수많은 젊은 연구자가 그때의 비극을 학문 차원에서 뛰어넘으려는 고통스러운 자기 변혁의 과정을 밟기에 이르렀다. 그 과정에서 바로 기존 사상과 학문, 기존 사회체제와 문명 전체를 개벽하기 위해 등장한 동학과, 우리 고유의 방식으로 근대 국민국가 실현을 꿈꾸었던 1894년 대봉기를 진정한 의미의 혁명으로 자리매김하려는 연구가 자발적으로 활성화되기에 이르렀다. 또한 이 과정에서 역사학 연구자와 뜻있는 시민운동가 그리고 일부 진보 언론 등이 동학을 다시 평가하기 시작했다. 더 나아가 1894년 대봉기의 실상과 그 역사적 의미를 다시 묻는 기획을 시작하면서 동학을 혁명 사상으로, 1894년의 대봉기를 혁명으로 보려는 움직임도 구체화되었다.[6]

이러한 새로운 움직임이 하나의 내실 있는 성과로 결실되는 시기가 바로 1894년으로부터 100주년이 되는 1994년을 전후한 4~5년간의 시기였다. 요컨대 동학은 창도된 지 약 1세기 반, 그리고 1894년의 대봉기는 그것이 일어난 지 1세기가 지난 시기에 이르러 가까스로 진정한 의미에서의 연구와 평가의 대상으로 자리매김하게 되었다. 바로 그 과정에서 동학은 진정한 의미의 혁명 사상으로, 그리고 1894년의 대봉기 역시 진정한 의미에서의 혁명으로 평가하는 토대가 형성되기 시작했다.

동학이 꿈꾼 유토피아

세상을
뒤흔드는
사상의 탄생

우선 동학을 창시한 수운의 출생과 그 성장 환경, 학문의 배경 자체가 바로 혁명적인 상황이었다는 사실을 알아야 한다.[7] 수운은 아버지 근암공近菴公 최옥崔鋈과 어머니 곡산 한씨 사이에서 만득자晩得子로 태어났는데, 당시 어머니는 과부 출신으로 아버지와 정식으로 결혼할 처지가 아니었다. 수운은 서자나 다름없는 출생 신분 때문에 많은 심적 갈등을 겪었고 문중에서도 차별을 받으며 성장했다.[8]

이 과정에서 수운은 당대 사회의 신분제도와 그것을 뒷받침하는 주자학에 비판적인 사고를 자연스럽게 가지게 되었다. 그 결과 아버지가 퇴계 학통을 잇는 저명한 정통 유학자 출신임에도 과거제도의 혁신을 논한 〈파과거사의罷科擧私議〉를 비롯해 토지제도의 개혁을 논한 〈한민전사의限民田私議〉, 과부의 개가를 허락하라는 〈허개가사의許改嫁私議〉 등의 혁신적 저작[9]을 후세에 남겼다.

또한 종래의 유교·불교·도교 사상과 서학西學의 영향을 많이 받았으면서도 그 사상적 한계를 극복하려는 고투 과정을 거쳐 자신의 사상을 동학으로 정립해 냈다는 점을 주목해야 한다. 앞에서 설명한 대로 수운은 이런저런 차별 속에서도 아버지가 돌아가시는 16세까지는 당대 최고 수준의 유교(주자학)적 교양을 충실하게 익혔다.[10] 수운이 아버지로부터 익힌 유교적 교양 수준은 후일 그의 사상을 독창적으로 체계화한 《동경대전東經大全》 속에 고스란히 담긴다. 여기서 주목할 것은 수운의 유교적 교양 수준이 고대 동아시아의 혁명 사상과 유가의 혁명 사상에 대해 깊이 이해할 정도의 수준을 뛰어넘어, 전혀 새로운 관점으로 자신의 사상을 전개했다는 점이다.

한편 아버지가 돌아가시자 수운은 더 이상 한가하게 유교적 학문을 익힐 처지가 되지 못했다. 가세는 급격히 기울었고, 서자나 다름없는 수운에 대한 경주 최씨(또는 가암 최씨라고도 한다) 문중의 차별도 더욱 심화되어 고향 경주에 더 이상 머무를 수 없는 상황이 되었다. 그리하여 그는 부친의 삼년상이 끝난 18세가 되자 가까스로 결혼을 하긴 했으나 바로 각지를 유랑하는 주유천하의 길에 오르지 않으면 안 되었다. 이후 수운은 한편으로

동학이 꿈꾼 유토피아

최제우

《동경대전》,
동학농민혁명기념재단 소장

는 가족의 호구지책을 마련하고, 다른 한편으로는 자신의 불우한 신세를 타파할 방도를 모색해야 하는 신산하기 짝이 없는 삶을 살아가게 되었다. 이 과정에서 수운은 당대 최고 수준의 학문을 익혔음에도 과거(문과)에 응시할 수 없었던 자신의 처지를 돌파하고자 무과에 응시하기 위해 잠시 무술을 익히기도 하지만, 끝내 단념하고 20세부터는 전국 각지를 주유하는 유랑 길에 본격적으로 들어섰다. 이 시기의 결단에 대해 수운은 《동경대전》에서 "장궁귀상藏弓歸商", 즉 활을 감추고 장삿길에 오른다고 표현했다.

수운의 주유천하 기간은 거의 15년에 이르는데, 이 과정에서 그가 가장 큰 충격을 받은 것은 바로 거세게 몰려오는 서학(천주교)과 서양 열강이 조선을 침탈하는 상황이었다. 더욱 충격적이었던 것은 서세동점이라는 거대한 파도 앞에서 지배층인 조선 왕조의 대응이 너무나 무기력하다는 사실이었다. 즉 당대의 지배적 사상이자 가치관의 토대인 주자학이 서학의 도전 앞에 더 이상 제대로 기능하지 못하는 현실을 목도한 것이다. 특히 1860년 영불 연합군의 베이징 점령 소식은 수운에게 결정적인 위기의식을 가져다주었음을 《용담유사龍潭遺詞》 등에서 확인할 수 있다. 그리하여 수운은 서학의 도전에 대응책을 모색하기 위한 고심참담의 사상적 고투를 계속하여 마침내 동학을 창도하기에 이르렀다. 이러한 점을 고려했을 때, 수운이 창도한 동학은 서학을 무조건 배척하는 배외주의적 사상이 아니라, 서학의 긍정적인 면을 수용한 '西에게도 열린 東'으로서의 동학이란 점에 유의해야 한다.

다음으로는 수운이 민중의 비참한 삶을 초래하는 모든 물질적·정신적·문명적 요인을 '괴질怪疾'로 인식하고, 그 괴질을 치유하기 위한 처방전으로 동학을 창도했다는 점이다. 수운이 인식했던 괴질이란 구체적으로 삼정 문란으로 인한 가혹한 세금 수탈, 주기적으로 유행하는 말 그대로의 괴질, 서학의 만연과 이양선의 출몰, 그리고 연례행사처럼 되풀이되는 자연재해의 빈발 등이었다. 수운은 주로 주유천하의 시기에 이러한 대내외적 위기 상황을 돌파하기 위한 그 나름의 대응책 마련에 부심했다.[11]

이처럼 1860년에 수운이 이루어 낸 동학은 그가 약 15년에 걸친 주유 과정에서 목격하고 체험한 위기의 시대 상황에 대해 내린 처방전이었다. 수운의 말을 빌리자면 당시 조선은 "유도와 불도가 운이 다하여"(《용담유사》), "요순과 같은 성인의 정치로도 어쩔 수가 없고, 공맹과 같은 성인의 가르침으로도 어쩔 수 없는"(《용담유사》) 시대였으며, "싸우면 다 이기는 무서운 서양 세력"(《동경대전》)의 쉴 틈 없는 침탈이 계속되던 시대였다. 또한 주기적으로 유행하는 괴질과 자연재해 아래서 적게는 수만 명에서 많게는 수십만 명이 죽어 가던 시대였다. 이러한 시대 속에서 "하늘의 길과 하늘의 명을 따르고 돌아볼 줄 모르고 제 이기적 생각대로만 살아나는"(《동경대전》) 민초의 모습에서 수운은 커다란 위기의식을 느꼈다. 그는 고민하고 또 고민한 가운데, 모색하고 또 모색한 가운데, 끝내는 도저히 해결의 길을 찾지 못해 마지막으로는 목숨을 내놓고 기도하고 또 기도한 끝에 동학을 내놓았다. 동학은 바로 이런 사상이었다. "오늘날도 들은 바가 없고 지나간 시대에도 들은 바가 없는"(《동경대전》), 말 그대로 전대미문의 파천황적破天荒的, 미증유의 새로운 혁명 사상에 다름없는 것이었다.

동학사상이 지닌
혁명적
요소

───

수운은 《용담유사》에서 자신이 동학을 창도하게 된 것을 한마디로 "다시 개벽"의 메시지라고 요약한다. 인류 문명은 성인이 나오기 이전 우부우민愚夫愚民의 시대에서 5제를 중심으로 하는 성인시대聖人時代를 지나 각자위심各自爲心의 시대로 변해 왔고, 수운 당대의 시대는 바로 그 각자위심이 최고조에 달한 시대였다. 이러한 각자위심의 시대를 다시 개벽하여 민중 한 사람 한 사람 모두가 성인이 되고 군자가 되는 시대를 동학이 열었다는 것이다.

수운은 동학의 등장이야말로 기존 문명의 한계를 다시 개벽하여 새로운 문명을 여는 혁명적 사상이라는 점을 강력하게 역설했다. 다시 개벽하는 시대는 민중 한 사람 한 사람이 모두 성인이 되는 시대이며, 그 같은 새 시대를 여는 길은 바로 천명天

命을 공경하고 천리天理에 따르는 삶, 즉 "경천명순천리敬天命順天理"의 삶을 사는 데 있다고 본 수운은 '경천명순천리'의 삶을 어떻게 살아야 하는지 아주 간결하게 제시하여 민중의 폭발적인 지지를 받았다.

수운이 제시한 방법은 바로 '21자 주문 수행법'[12]을 행하는 것이었다. 사람은 누구나 21자 수행만으로 자기 안에 내재하는 '하늘님(天主)과의 일체화=시천주侍天主'가 가능하며, 하늘님과의 일체화=시천주가 바로 경천명순천명의 삶이라는 것이다. 수운은 누구나 경천명순천리의 삶이 가능하다고 봄으로써 조선왕조의 신분제를 뛰어넘어 만인평등의 새로운 사상을 제시할 수 있었다. 또한 '시천주'에 근거한 동학의 만인평등사상은 지배층의 지속적인 탄압에도 동학이 민중 속에 뿌리내리는 데 결정적 역할을 수행한 동시에, 아래로부터의 혁명인 1894년 동학농민혁명에서 가장 핵심적인 혁명 사상의 하나로 자리 잡기에 이르렀다.

수운이 창도한 동학에서 가장 두드러진 특징이라고 한다면 바로 '동東'을 강조한 것이다. 동학에서 강조하는 동이란 과연 구체적으로 어떤 의미를 지닐까? 그것을 정확하게 이해하기 위해서는 무엇보다도 수운의 언설과 저작, 그중에서도 동학의 의미를 널리 천명한 《동경대전》〈논학문論學文〉을 주목할 필요가 있다. 〈논학문〉을 비롯한 수운의 언설과 저작에서 드러나는 동의 의미는 대체로 다음과 같다.

첫째, 동학의 동은 동쪽을 의미한다. 동쪽이란 해가 뜨는 곳, 새 광명이 비치는 곳, 새로운 것이 태어나는 곳이다. 둘째, 동학의 동은 해가 뜨는 곳에 있는 나라, 또는 해가 뜨는 곳에 있는 천지, 즉 동쪽에 있는 나라(東國)란 뜻이다. 셋째, 동학의 동은 또한 그 해가 뜨는 곳, 새 광명이 비치는 동쪽 나라에서 이룩된 사상 또는 학문, 즉 '동국의 학'이란 뜻이 들어 있다. 그리고 동국의 학인 동학이 새 천지를 여는 새로운 사상임은 두말할 필요가 없다. 넷째, 그런데 수운이 확립한 동학, 즉 해가 뜨는 동쪽 나라의 학문은 해가 지는 서쪽 나라의 학문인 서학의 보편성을 널리 수용한 학문, 즉 '서쪽을 향해 활짝 열린 동쪽의 학문'이다.[13]

다시 말해 수운이 말한 동은 그저 단순히 "전통만을 뜻하는 동이 아니며, 이미 서西에 의해 격의格義되어 화학반응이 일어난 동이며, 전통으로의 회귀나 국수적 원형의 부활이 아닌"[14] 동이다. 요컨대 수운의 동학은 전통적인 동과 서학에서 말하는 서, 양자를 모두 뛰어넘어 '동에도 서에도 활짝 열려 있으면서 주체적인 동학'을 말하는 것이다. 동학이야말로 종래의 사상을 혁명한 사상이라고 보는 이유가 바로 여기에 있다. 동학은 전통

사상인 유·불·도는 물론이고, 근대의 산물인 서학마저 적극적으로 수용했다. 그렇지만 동쪽인 우리나라의 현실과 우리 조선 민중에게 알맞은 지극히 주체적이면서도 지극히 보편적인, 그리고 지극히 '근대적'인 사상으로 우리 조선 땅에서 확립된 '혁명적' 사상 그 자체였다.

서세동점과 삼정문란으로 대표되던 19세기 중반, 조선이란 나라에 살던 민중의 피폐한 삶을 온몸으로 목격했던 수운은 오랜 기간의 구도 끝에 '하늘님과의 문답'을 통해 득도한 후, 자신이 깨달은 진리를 세상에 널리 펴겠다는 각오와 그 의지를 다음과 같이 밝혔다.

우리나라에는 나쁜 병이 가득해 백성이 사시사철 단 하루도 편안한 날이 없으니, 이런 현상 역시 다치고 해를 입을 운수다. 서양 각 나라는 싸우면 이기고 치면 빼앗아 성공하지 않는 일이 하나도 없으니 천하가 다 멸망해 버리면 역시 입술이 없어져 이가 시리게 되는 한탄이 없지 않게 되리니, '잘못되어 가는 나라를 바로잡고 도탄에서 헤매는 백성을 편안하게 만들 계책(輔國安民之計)'이 장차 어디에서 나올 수 있을 것인가.《동경대전》

위의 글은 1860년 음력 4월 5일 '하늘님과의 문답'이라는 신비 체험을 계기로 동학을 창도한 수운이 1년여에 걸친 수련을 거듭한 끝에 포덕布德[15]을 하기로 결심하고 지은 〈포덕문布德文〉 말미에 나오는 내용이다. 수운은 여기서 동학 포덕의 목적이 바로 보국안민지계輔國安民之計, 즉 "잘못되어 가는 나라를 바로잡고 도탄에서 헤매는 백성을 편안하게 만들 계책"을 마련하는 데 있다고 선언한다. 이후 보국안민사상은 동학의 핵심 사상으로 자리 잡아 민중의 민족의식을 계몽하고, 1892~1893년 교조신원운동의 주요 슬로건이 되어 민중의 정치의식과 민족의식 고취에 기여한다. 1893년 3월에 열린 '보은취회'의 교조신원운동 과정에서 보국안민사상이 가장 극적으로 표출되기도 했다. 또한 1894년 동학농민혁명 당시 핵심 사상의 역할[16]을 함으로써 근대 조선 민중의 정치의식을 고취시켰으며, 내셔널리즘을 형성[17]하여 '아래로부터의 혁명'을 일으키기에 이른다.

동학은 무엇보다 '시천주侍天主'로 대표되는 만민평등사상, 즉 평등주의를 전면적으로 표방한다는 특징이 있다. 수운은 한글 경전 《용담유사》에서 '가장 거룩한 존재인 하늘님이 바로 내 안에 모셔져 있다'[18]라고 역설하면서, 21자 주문과 신성경信誠敬의 수행으로 누구나 다 자기 안에 모시고 있는 하늘님과 일체화를 이룰 수 있다고 강조했다. 바로 이 같은 동학의 시천주사상은 조선 왕조 500년을 지탱해 온 신분제를 뛰어넘어 만민평등을 외친 것으로, 창도 초기의 동학이 지배층의 강력한 탄압에도 신분제 아래서 온갖 차별에 시달리던 일반 민중은 물론이고 천민의 광범한 지지를 획득하는 결정적 요인으로 기능했다. 시천주에서 유래한 초기 동학의 평등주의적 사상은 1862년 경상도 상주 일대를 중심으로 일어났던 보수 유생의 동학 배척 통문[19]에서도 확인할 수 있다. 1892~1893년의 교조신원운동기와 1894년 동학농민혁명 당시에는 사회신분제를 해체하는 사회혁명의 핵심 사상으로 역할하게 된다.[20]

동학이 지닌 또 하나의 혁명적 사상은 바로 '유무상자有無相資'를 통한 경제 공동체, 즉 경제혁명을 지향했다는 점이다. 앞에서 이미 설명했듯이, 동학의 창도 배경에는 삼정문란과 외세의 경제적 침탈에서 비롯된 조선 민중의 곤궁한 삶을 경제적으로 구제하려는 강력한 동기가 있었다. 동학이 창도 초기부터 입도하는 도인道人(신자)에게 있는 자(부자富者)와 없는 자(빈자貧者) 사이의 상호 부조를 강력하게 권장했다는 사실 역시 1862년 경상도 상주에서 발송된 동학 배척 통문에서 구체적으로 확인할 수 있다. 동학은 유무상자, 즉 있는 자와 없는 자가 서로 돕기 때문에 가난한 술장사와 백정이 다투어 동학에 뛰어든다는 지적이 바로 그것이다.

그뿐 아니라 동학은 창도 초기부터 지배층의 탄압을 받아 자

동학이 꿈꾼 유토피아

유로운 포덕 활동이 불가능했고, 동학에 입도한 도인 역시 지배
층의 탄압 때문에 자유로운 생업 활동이 불가능했다. 그래서 도
인 상호 간의 경제적 부조 활동은 동학 조직을 유지하고, 동학
도인의 최소한의 삶을 보장하는 수단으로 중시되지 않을 수 없
었다.[21] 이 같은 경제적 상호 부조의 전통은 1892~1893년의 교
조신원운동과 1894년의 동학농민혁명 단계에 이르러서는 교단
내의 '전통'을 벗어나 조선 민중 전체의 경제적 처지를 '혁명적'
으로 개혁하려는 경제혁명의 중요 원리로 발전하기에 이른다.

1894년,
그날이 보여 준
가능성

1894년의 동학농민혁명은 1892년 음력 10월부터 1893년 4월 초까지 전개된 교조신원운동, 교조신원운동에 이은 1893년 음력 11월의 사발통문 모의와 1894년 음력 1월의 고부농민봉기를 전사前史로 하여, 1894년 음력 3월 21일 전라북도 무장에서 전봉준이 이끄는 동학농민군이 전면 봉기함으로써 시작됐다.

동학농민혁명 이전의 교조신원운동 과정에서 운동 지도부는 '척왜양斥倭洋, 지방관의 가렴주구 금지, 동학 교조의 신원伸寃'이라는 세 가지 슬로건을 앞세우고 약 2년여에 걸쳐 충청남도 공주, 전라북도 삼례, 서울 광화문, 충청북도 보은, 전라북도 금구·원평 등지에 적게는 수천 명, 많게는 수만 명이 모이는 집회를 열었다. 특히 1893년 음력 3월 10일경부터 4월 초까지 충청북도 보은에서 열린 보은 집회 지도부는 그 목적을 '척왜양창의

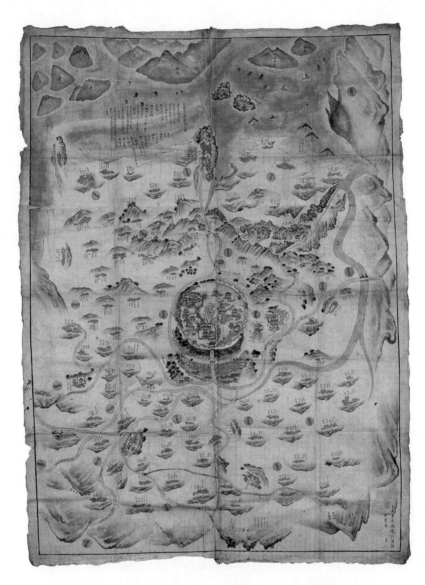

제1차 동학농민혁명이 일어난 전라북도 무장현 지도, 국립중앙박물관 소장

斥倭洋倡義'라고 선언함으로써 동학 교조 수운이 일찍이 제시한 '보국안민'의 구체적 방도를 "왜(일본)와 양(서양)의 침탈로부터 국권을 수호"하는 데서 찾고자 했다. 이 같은 보은 집회 슬로건은 당시 조선 민중의 광범위한 지지를 받았음은 물론이고, 민중의 정치의식을 배양하고 민족의식을 고취하는 데 기여했다.

또한 1893년 음력 1월경 전봉준 등 동학농민군 지도부는 고부농민봉기를 통해 "고부성을 격파하고 군수 조병갑을 효수하며, 군기창과 화약고를 점령한 다음, 전주영을 함락하고 경사京師(서울)로 직향하려는" 사발통문 모의 계획을 실행에 옮기기에 이른다.

이렇게 교조신원운동, 사발통문 모의, 고부농민봉기 등은 모두 동학 교단의 지도부 또는 동학의 접주接主급 지도자가 중심이 되어 민중의 정치의식을 고양하는 한편, 부패한 조선 왕조의 정치를 '혁명'하려는 민중의 움직임이라 평가할 수 있다. 이 같은 움직임은 마침내 1894년 음력 3월 21일의 '무장기포茂長起包', 즉 제1차 동학농민혁명이라는 형태로 총괄總括되기에 이른다.

주지하듯이, 제1차 동학농민혁명은 1894년 음력 3월 21일부터 '전주화약'이 체결되어 동학농민군이 전주성에서 자진 철수하는 음력 5월 8일경까지 전개되었다. 이 시기에 동학농민군 지

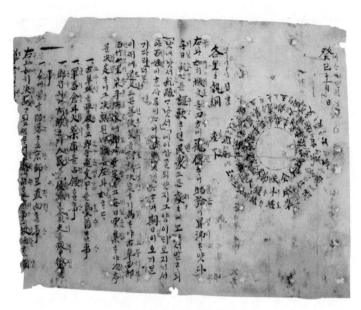

사발통문, 동학농민혁명기념재단 소장

도부는 포고문과 격문, 4대 명의名義, 원정原情 등의 형태로 부패한 조선 왕조의 정치에 근본적인 혁명을 요구하는 문건을 지방관 또는 조선 왕조 지배층에게 기회가 있을 때마다 제출했다. 이러한 요구는 마침내 전주화약 당시 초토사 홍계훈에게 전봉준이 제출한 '폐정개혁안 27개조'로 집성되었다. 폐정개혁안을 통해 농민군 지도부가 가장 역점을 두고 정치혁명을 시도한 내용은 부패한 집권자의 교체였다. 온갖 부정부패를 일삼으며 안민安民이라는 유가적 통치의 이상을 저버린 민씨 정권을 타도하고, 민심의 강력한 지지를 받던 대원군을 추대할 것을 요구했던 것이다. 그뿐 아니라 농민군 지도부는 민씨 정권에 빌붙어서 아첨을 하며 안민이 아닌 학민虐民 행위를 일삼던 조정 관리와 가렴주구를 일삼는 탐관오리의 숙청을 통한 정도政道의 일신, 즉 정치혁명까지 시도했다.

동학농민혁명 당시 농민군 지도부가 지향했던 정치혁명의 궁극적 목표는 제2차 동학농민혁명이 일본군의 개입과 불법적인 탄압 때문에 좌절된 직후 체포된 전봉준의 최후 진술에서 명료하게 확인된다. 농민군 최고지도자 전봉준은 1894년 음력 12월 초에 전라도 순창에서 체포된 직후 나주를 거쳐 서울로 압송되어 1895년 양력 3월 말까지 전후 네 차례에 걸친 심문을 받았다. 심문 과정에서 전봉준이 남긴 진술 내용은 《전봉준공초全琫準供草》로 남아 있으나, 정치혁명에 관한 내용은 당시 일본 영사의 취조 내용을 자세히 보도한 《도쿄아사히신문》 1895년 3~5월 기사에서 확인할 수 있다.[22]

《도쿄아사히신문》 1895년 3월 5일 자 5면의 '동학당 대거괴와 그 구공口供'에 따르면, 전봉준은 "나의 종국의 목적은 첫째, 민족閔族(민씨 정권)을 타도하고 간신을 물리쳐서 폐정을 개혁하는 데 있었다. (…) 민심을 잘 아는 몇 사람의 명망가를 선출하

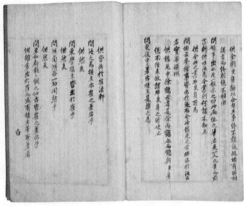

전봉준 신문기록이 담긴《전봉준공초》, 왕실도서관 장서각 디지털 아카이브 제공

여 임금을 보좌함으로써 안민의 정치를 이룩하고자 했다"라고
진술한다. 이 진술에 따르면, 전봉준은 끝까지 왕조를 부정하지
않았던 것으로 보인다. 다만 임금이 민심을 잘 파악하고 수렴
하여 안민의 정치를 할 수 있는 '정도政道의 일신一新',[23] 요컨대
입헌군주제에 가까운 구상을 지니고 있었던 듯하다.

　여기서 주목할 만한 것은 비록 농민군 최고지도자 전봉준이
구상했던 정치혁명이 조선 왕조를 부정하지 않는 입헌군주제에
가까운 것이었다고는 해도, 제1차 혁명 당시 이미 집권자의 교
체를 목표로 한 정치혁명을 시도했다는 것이다. 제2차 혁명에
서는 안민의 이상을 달성하기 위한 구체적 방도로 민심을 대변

하는 명망가를 선출하여 임금을 보좌하게 하려 했다. 이러한 점에서 동학농민혁명에서 드러나는 정치혁명적인 면은 결코 과소평가해서는 안 될 것이다.

가진 자와 없는
자가 서로 돕는
사회

────────

동학농민혁명에서 드러나는 가장 혁명적인 면은 바로 경제혁명
이라 할 수 있다. 앞에서도 설명했듯이, 동학은 창도 초기부터
유무상자有無相資라는 기치 아래 있는 자와 없는 자 사이의 상호
부조를 강조하는 경제 공동체적 성격을 지니고 있었다.

　1876년 개항 이후 청나라와 일본 양국의 경제 침탈에 따른
민중의 삶이 피폐해지고, 서양으로부터 수입된 양품洋品으로
인한 민중경제의 침체 상황이 계속되던 1880년대 중반, 동학 2
대 교주 최시형은 국산품애용운동을 적극적으로 전개하면서 민
중경제 보호에 앞장섰다. 이 같은 내용은 1992년 전라북도 부
안군 상서면 감교리 천도교 호암수도원에서 발굴한《해월문집》
에 나온다. 이 문집에는 1880년대 동학 교단의 동향이 기록되
어 있다.

창도 초기 동학의 유무상자적 경제 공동체에 이어 1880년대 동학 교단의 국산품애용운동으로 이어진 동학의 민중경제보호운동은 1892~1893년 교조신원운동기에 더욱 조직적이고 대중적인 운동으로 발전한다. 신원운동의 목표는 크게 척왜양, 가렴주구 금지, 동학 교조의 신원 세 가지였는데, 이 가운데 앞의 두 가지 목표 속에 민중경제를 보호하기 위한 내용이 들어 있었다. 이를 좀 더 구체적으로 살펴보자.

먼저 신원운동 과정에서 제기된 '척왜양'의 기치는 개항 이후 조선의 민중경제를 위협하는 청일 양국의 경제 침탈과 서양에서 수입된 물품으로 인한 민중경제 파탄을 막으려는 데서 비롯되었다. 다음으로 가렴주구 금지는 지방관의 불법 수탈로부터 민중경제를 보호하기 위해 신원운동 지도부가 내건 슬로건이었다. 신원운동 과정에서 더욱 구체화되고 조직화된 민중경제 보호의 기치는 마침내 1894년 동학농민혁명 과정에서는 전면적인 경제혁명으로 발전했다.

앞에서 살펴보았듯이, 동학농민혁명 과정에서 농민군 지도부는 '폐정개혁안 27개조' 제출을 통해 조선 왕조 전체를 혁명하고자 했다. 폐정개혁안 27개조 가운데 가장 많은 조항이 바로 경제혁명과 관련된 내용이다. 경제혁명과 관련된 내용은 크게 두 부분으로 나뉜다. 하나는 조선 왕조 내부의 경제적 모순을 근본적으로 해결함으로써 민중경제를 혁신하려는 내용이며, 다른 하나는 청나라와 일본을 비롯한 제국주의 열강의 경제 침탈로부터 조선의 민중경제를 보호하려는 내용이다. 경제혁명과 관련된 내용 중에서도 가장 주목할 만한 것이 바로 '토지 균분' 조항, 즉 토지개혁 관련 부분이다. 농민군이 내걸었던 토지 균분 조항에 대해서는 이미 여러 학자가 찬반으로 갈려 논쟁 중이다. 이 글에서는 《동학사》를 쓴 오지영이 후일에 첨가한 것이라는 토지 균분 조항 허구론자의 견해를 비판적으로 다루면서 동학농민혁명의 경제혁명적인 면을 강조하고자 한다.

토지 균분 조항 허구론자가 주장하는 것처럼 오지영의 《동학사》는 1894년 당시의 기록은 아니지만, 동학농민혁명이 끝난 지 20~30년이 경과된 뒤에 자신의 체험과 견문을 바탕으로 쓴 일종의 회고록이다. 제목 앞에 비록 '소설小說'이라는 명칭이 붙어 있기는 하지만, 그것은 오늘날의 소설, 즉 픽션을 뜻하는 것이 아니라 자신이 쓴 글에 대한 겸사謙辭다. 따라서 '소설' 동학사이기 때문에 오지영의 기록은 믿을 수 없다는 허구론자의 주장은 잘못된 것이다.

또한 역사학자 최익한의 저서 《실학파와 정다산》에서 인용한 《강진읍지》에 따르면, 다산 정약용丁若鏞의 토지개혁론을 담은 《경세유표》를 전라남도 강진의 윤세현尹世顯 등이 전봉준에게 전달했다고 한다. 그런데 최근《강진읍지》에 서술된 내용이 사실일 가능성이 높다고 밝혀졌다. 지난 2011년 8월 윤세현의 출신지인 전라남도 강진군 대구면을 답사했는데, 그곳은 다산의 유배지인 다산초당으로부터 불과 20킬로미터 거리에 있었으며, 다산의 처가인 해남 윤씨가 세거하는 마을이었다. 그뿐 아니라 윤세현이 강진과 장흥 일대에서 활약한 농민군 지도자 가운데 한 사람이었다는 사실을 증명하는 사료가 존재한다는 사실도 확인했다.[24] 즉 최익한이 주목한 윤세현이라는 인물이 가공의 인물이 아니라 강진과 장흥 일대에 상당한 기반을 가진, 정약용과 인척 관계에 있는 해남윤씨 가문 출신의 농민군 지도자였다는 것이다. 이것은 윤세현 등이《경세유표》를 전봉준에게로 전달했을 가능성을 한층 더 높여 주는 구체적 증거다.

그 외에도 동학농민혁명 당시 강진에 거주했던 유생 강재剛齋 박기현朴冀鉉[25]의 일기를 번역하는 과정에서 그가 다산의 시집을 읽었다는 사실을 확인했다. 이 같은 사실 역시 다산의 저작이 강진 일대 유교 지식인 사이에 널리 유포되었을 가능성을 시사한다. 동시에 농민군 최고지도자 전봉준에게《경세유표》가 전달되어 폐정개혁안을 작성할 때 영향을 미쳤을 가능성을 높이는 또 다른 증거로 간주할 수 있다.

동학이 꿈꾼 유토피아

편견을
넘어
평등으로

동학농민혁명 과정에서 농민군이 가장 급진적으로 추진했던 혁명은 바로 신분제를 해체하고 평등주의를 실현하는 사회혁명이었다. 조선 왕조 지배층의 강력하면서도 지속적인 탄압에도 동학이 기층 민중 사이로 널리 퍼져 나갈 수 있었던 힘, 그리고 교조신원운동과 동학농민혁명 과정에서 접포接包라는 동학 교단 조직 안으로 적게는 수만, 많게는 수백만 민중을 받아들여 조직화할 수 있었던 결정적 요인은 바로 시천주에 근거한 동학의 만민평등사상이었다.

만민평등사상에 공감하여 동학에 입도하고 농민군이 되어 혁명 대열에 동참한 사례로는 충청남도 서산 출신의 홍종식, 황해도 출신의 백범 김구가 널리 알려져 있다. 동학농민혁명을 직접 목격하고 체험한 내용을 기록으로 남긴 전라남도 광양 출신 유생 매천 황현의《오하기문》은 동학의 만민평등사상, 농민군 조직의 평등한 인간관계 그리고 농민군이 주도한 신분제 해체 혁명의 과정이 매우 사실적이면서도 극적으로 묘사된 사료로 유명하다.

동학농민혁명 당시 농민군은 바로 이 같은 동학의 만민평등사상에 입각하여 사회신분제를 해체하는 강력한 혁명을 수행하고자 했다. 그런데 농민군이 주도한 사회신분제 해체 혁명은 당시 신분제라는 기득권을 수호하려 했던 양반 지식인, 즉 보수 유생에게는 큰 충격이었다. 교조신원운동기나 동학농민혁명 당시 그 지도부가 내건 여러 가지 슬로건 가운데 가렴주구 금지나 척왜양 등의 기치는 보수 유생에게도 상당한 지지를 얻었다. 하지만 동학농민혁명기, 특히 전주화약 이후 각각 출신 고을로 돌아간 농민군이 사회신분제 해체 혁명을 강력하게 전개하자, 제1차 혁명기에 농민군에게 식사와 숙소 제공, 식량 조달 등을 비롯한 지원 활동에 적극적으로 참여하는 동시에 반외세, 반봉건 혁명에도 '일정하게' 동참했던 보수 유생은 예외 없이 등을 돌렸다. 그뿐 아니라 제2차 혁명기 종반에 일본군이 개입하며 농민군 측이 수세에 몰리게 되자, 일본군에 협력하여 농민군을 압살하는 반농민군 활동에 적극 가담했다.

이 같은 현상은 농민군에 의한 사회혁명, 즉 사회신분제 해체를 위한 혁명이 기득권층에 가져다준 충격에 따른 당연한 귀결이라고도 할 수 있다. 농민군 탄압을 위해 파견된 좌선봉장 이규태李圭泰가 후일 조정에 올린 보고서에서 농민군이 범한 중죄 가운데서도 가장 무거운 죄는 바로 '강상綱常을 무너뜨린 죄', 즉 사회신분제 해체를 위한 혁명을 시도한 것이라고 명기한 것도 동학농민혁명 당시 신분제 해체를 위한 사회혁명의 열기를 이해하는 열쇠의 하나다.

종교의
자유를
허하라

―――――

전제왕조인 조선에서는 사상의 자유나 종교의 자유가 없었다.
오로지 유학, 다시 말해 주자학만이 정학正學으로 존숭되는 주
자학일존주의朱子學一尊主義 사회였다. 그 외의 사상이나 종교
는 모두 이단사술異端邪術로 간주되었다. 대원군 집권기에 천주
교가 사학邪學으로 간주되어 대대적인 탄압 아래 많은 순교자를
낸 것이나, 1860년에 창도된 동학이 1892~1893년의 교조신원
운동기와 1894년 동학농민혁명 때까지 줄곧 탄압을 받은 것은
당시 조선 사회에 사상과 종교의 자유가 부재한 사실을 말해 주
는 대표적 사례라 할 수 있다.

　문제는 1876년 개항 이후부터다. 개항을 통해 먼저 일본에
문호를 개방한 조선은 1883년 이후 미국, 영국, 프랑스, 독일 등
서양 열강과 차례로 조약을 맺고 문호를 개방하면서 오랜 기간

탄압했던 천주교에 신앙의 자유를 인정했다. 또한 미국을 통해 들어온 개신교에도 신앙과 선교의 자유를 인정했다.

그런데 유독 조선 땅에서 창도된 동학을 겨냥한 탄압은 개항 이후에도 계속되었다. 1880년대의 동학은 오랜 지하 포교 시대를 끝내고 충청도와 전라도의 평야 지대를 중심으로 활발한 포교 활동을 통해 많은 도인을 확보했다. 그러나 동학에 대한 신앙과 포교의 자유는 끝내 허용되지 않았다. 허용은커녕 조정에서 금한다는 구실로 지방관의 탄압과 불법 수탈 행위가 더욱 심화되었다. 동학에 대한 이 같은 탄압은 창도 초기부터 지속된 것이었지만, 1880년대 후반에 이르러 동학 신자가 급격히 증가하던 충청도와 전라도를 중심으로 더욱 격화되기에 이르렀다. 이에 최시형을 비롯한 동학 지도부는 동학에 대한 신앙의 자유, 선교(포교)의 자유를 얻기 위해 교조신원운동을 공개적으로, 그리고 합법적으로 전개하기에 이른다. 그러나 합법적이면서 대규모로, 그리고 장기 지속적으로 전개되었던 이 운동은 끝내 소기의 목적을 달성하지 못하고 실패로 돌아갔다.

합법적인 과정으로 동학에 대한 신앙과 포교의 자유를 획득하지 못한 동학 교단 지도부와 도인은 이듬해 동학농민혁명 과정에서 다시 동학에 대한 신앙과 포교의 자유를 요구하는 개혁안을 제출한다. 외래 종교인 서학에는 신앙과 포교의 자유를 인

그들이 무기를 든 이유

경상북도 경주시 황성공원에 있는 최시형 동상. 최시형은 보은집회에서
직접 지도부와 함께 도회소를 설치하고 조직적으로 시위를 통제했다.

1892년부터 1893년까지 제2대 동학교주 최시형을 비롯한 동학 교단 지도부가
주도한 교조신원운동은 《경국대전》 〈형전刑典〉에 들어 있는 신소제도伸訴制度
에 근거한 합법적 운동이었다. 1894년 동학농민혁명은 이 같은 합법 운동이 한
계에 직면하자 마지막으로 비합법적 수단을 통한 혁명을 달성하고자 하는 단
계에서 일어났다는 사실을 이해할 필요가 있다.

정하면서도 자생적인 종교인 동학은 탄압하는 조선 지배층의 사대주의적 태도와 주자학일존주의에 매몰된 전근대적 지배 체제를 근본적으로 혁명하겠다는 뜻이었다.

그 결과 동학은 동학농민혁명 과정에서 '일시적으로' 신앙과 포교의 자유를 획득할 수 있었다. 혁명 대열에 참여한 동학농민군은 이제 거리낌 없이 '시천주조화정侍天主造化定 영세불망만사지永世不忘萬事知'라는 13자 주문을 암송했다. 양 어깨에는 동학의 신령스러운 부적인 영부靈符를 붙이고, 가슴 속에는《동경대전》이나《용담유사》등의 동학 경전을 소지한 가운데 전투에 참가할 수 있었다.

이것은
왜 혁명일 수밖에
없는가

동학 교조 수운은 동학이야말로 '보국안민을 위한 계책'의 일환이라고 천명했다. 이것은 당시의 조선 지배층의 정치가 안민이 아닌 학민의 세상을 초래했음을 시사한다. 동시에 수운 자신이 동학을 통해 그 같은 학민의 세상을 안민의 세상으로 바꾸기 위해, 다시 말해 '혁명'을 하기 위해 동학을 창도했다는 사실을 시사한다.

동학농민혁명은 무엇보다도 비합법적 폭력 혁명의 성격을 가진다. 이러한 비합법적 성격은 1892~1893년에 일어난 합법적 개혁 운동인 교조신원운동의 좌절, 달리 말해 합법적 운동에 대한 지배층의 탄압에서 유래했다.

또한 동학농민혁명의 목적은 어디까지나 정치·경제·사회적에서, 더 나아가 종교적 차원에서 보국안민을 달성하는 것이었다. 다시 말해 유가에서 역설하는 안민이라는 천명을 어기는 정치행위를 일삼는 조선 왕조의 폐정을 '폭력을 써서라도' 개혁함으로써 안민을 달성하고자 했던 '혁명'이었다. 그렇기에 1894년에 일어난 동학농민혁명은 동아시아의 혁명 전통에 바탕을 둔 명실상부한 '혁명'이었다.

정감록이 이끈 신세계

백승종

도군 문양해,
반역을 꾀하다

뱀에서 용이 된
진인이 우리를
구하리라

5

왕을 위협하는   불온서적을 탐한   잡힐 듯 잡히지
진인의 탄생   선비   않는 이상세계

18세기 이후 한국 사회에서는 예언서 《정감록鄭鑑錄》을 매개로 한 숱한 사건이 일어났다. 그에 관한 기록을 검토해 보면 '정감록 신앙집단'(이하 감록파)이 꿈꾼 이상세계의 모습이 곳곳에서 발견된다. 그 모습을 온전하게 제시하는 것은 대단히 어려운 일이다. 이 글에서는 다음의 세 가지 주제에 국한하여 감록파의 이상세계를 이해하려고 한다.

첫째, 1785년(정조9) 《정감록》역모 사건의 주모자였던 평민 지식인 문양해文洋海의 종교적 상상력이 조선 사회에 어떠한 영향을 미쳤는지 알아본다. 그리하여 이 사건을 일으킨 감록파가 종교적 세계관을 공유하며 하나의 신종교집단으로 성장한 사실을 확인해볼 것이다. 다양한 신분이 하나로 어우러진 그들 구성원은 예언서 《정감록》을 신봉하며 새 세상을 열고자 한 비밀결사였다.

둘째, 《정감록》에는 미륵하생신앙彌勒下生信仰의 핵심인 미륵불의 현신과 비견되는 '진인眞人' 또는 '해도진인海島眞人'이라는 존재가 있었다. 이른바 시간이 흘러갈수록 감록파는 진인의 출생과 활동에 관하여 많은 상상을 펼쳤다. 그에 따라 진인의 사주四柱가 등장했고, 진인이 이미 출생했다는 소문도 파다했다. 진인에 관한 그들의 담론을 검토함으로써 조선 후기에 사람들이 진인에게 걸었던 기대가 무엇인지 구체적으로 알아보자.

셋째, 1797년(정조 11)의 《정감록》 역모 사건과 1800년(선조 즉위)의 천주교 박해 사건에 연루되어 옥사한 선비 강이천姜彝天의 실례를 통해 감록파가 상상한 신세계의 모습에 가까이 갈 수 있다. 강이천은 《정감록》만을 신봉한 것은 아니었다. 그는 본디 성리학자였고, 음양학과 도교 그리고 천주교에 깊은 관심을 가졌다. 강이천은 18~19세기의 '종교적 경계인'이었던 것이다. 물론 당시의 문화적 맥락 속에서는 그처럼 다중적인 문화적 취향을 가진 이가 결코 적지 않았으나, 그런 점을 유념해두더라도 '과연 그가 전형적인 감록파 인사인가' 하는 의문을 가질 수밖에 없다.

그러나 정감록 사건을 자세히 살펴보면 예언서를 신봉한 도꾼들이 기성종교와는 다른 개성을 가진 종교단체를 결성해서 반역을 꾀했다는 점에서 종교성이 드러난다.

정감록이 이끈 신세계

도꾼 문양해,
반역을
꾀하다

조선 후기의 《정감록》 역모 사건은 정치적 목적에서 비롯되었다. 당시의 지배 체제에 저항하는 많은 사람이 《정감록》을 매개로 하여 사회적 불만을 표출하는 계기를 마련했던 것이다. 그러나 《정감록》 사건을 자세히 살펴보면 예언서를 신봉한 '도道꾼'들이 기성 종교와는 다른 개성을 가진 종교단체를 결성해서 반역을 꾀했다는 점에서 어쩌면 생소하게 들릴 이 문제를 18세기 후반 형장의 이슬로 사라진 불행한 젊은 도꾼 문양해를 통해 자세히 알아보자.

사건이 일어난 1785년(정조 9), 문양해는 30대의 독신 남성이었다. 그는 본래 충청남도 공주의 한 평민(정확히는 아전) 집안에서 태어났으나, 체포 당시 경상남도 하동에 살고 있었다. 사건 관련 《추안급국안》에 "(그의) 흉악한 계책과 역적 행위는 이미 다른 죄인의 자백에서 명백히 드러났다"라고 기록된 것을 보았을 때, 문양해는 조선 왕조의 역적이었다.

그의 일생에는 특이한 점이 많았다. 가령 그가 독신이었다는 점도 매우 예외적인 상황이었다. 20세기 초까지만 해도 한국에는 독신 남성이 거의 없었다. 문양해는 승려가 아니었지만, 쌍계사가 위치한 지리산의 깊은 골짜기에 조그만 집을 짓고 홀로 도를 닦았다.

문양해는 계묘년(1783, 정조 7)에 하동으로 거취를 옮겼다. 서울에 살던 그의 친척 양형梁衡이 어느 서울 양반에게서 건축 자금을 넉넉히 얻어 준 덕분이었다. 그는 하동에서 100칸이나 되는 큰 기와집을 차지하게 되었다.

그런데 알고 보니 충청감사와 경상감사를 역임한 홍낙순洪樂純의 아들 홍복영洪福榮이 바로 물주였다. 조정의 심문 결과에 따르면 양형이 홍복영에게 거금을 받아 내기 위해 감언이설을 늘어놓았다고 했다. 하동에 기가 막히게 좋은 명당이 있는데, 그 명당을 차지하면 "세 가지 재앙(호랑이, 흉년, 염병)이 들지 않는다"라고 말했다는 것이다. 홍복영이 바보가 아닌 다음에야 정말 그런 일이 이루어지리라 믿었을까?

그러나 홍복영은 양형의 말 한 마디에 수천 냥씩이나 되는 은자를 하동으로 보냈다. 그의 서동생과 사촌은 바보짓이라며 만류했지만 소용없었다. 한편 홍복영을 유혹하는 데 성공한 양형의 집안에서도 문제가 일어났다. 양형의 아내가 이사를 극력 반대했기 때문이다.

홍복영과 양형이 가족 내부의 반대에 부딪혀 애로를 겪은 것과 달리, 문양해 일가는 온 가족이 하동으로 옮겨와 큰 집을 차지하고 넉넉하게 살았다. 이 하동 집은 문양해가 지휘하는 감록파 조직의 비밀 본거지로 사용되었다.

문양해는 쌍계사 골짜기에서 유유자적하며 은거 생활을 했고, 그의 아버지 문광겸文光謙은 하동의 지하 본부를 총괄했다. 문양해의 삼촌 문광덕도 하동으로 옮겨 약포藥鋪를 경영했다. 결국 따지고 보면 하동 본부 건설에 앞장선 이들은 전부 문씨 일가였던 것이다.

문씨 일가가 아직 충청남도 공주에 살던 때의 일이다. 어느 날 길가에서 만난 신인神人들이 청년 문양해에게 이사를 명령했다 한다. 그래서 온 식구가 강원도 간성으로 옮겼다. 그런 지 얼마 안 되어 이번에는 다시 경상남도 하동으로 떠나라는 명령이 내려졌다 한다. 신인이 존재할 리 없지만, 하여튼 그랬다고 관련자들이 진술한다.

문씨 일가가 간성을 출발해 동남해안을 따라 배를 타고 하동으로 들어오는 동안 동행했던 다른 배들은 풍랑을 만나 모두 파손되었다. 그러나 문씨 일가의 배만은 무사했다. 이것을 두고 말이 많았지만, 사람들은 문양해와 친한 신인이 용왕에게 부탁한 덕분이라고 했다.

당연한 일이겠지만 1785년(정조 9)의 《정감록》 역모 사건의 관련자 가운데서 신인을 직접 만나본 사람은 없었다. 그럼에도 다들 문양해만은 신인을 만났을 것이라고 믿었다. 그들은 이구동성으로 말했다. "문양해는 신인들로부터 직접 글을 배웠다고 들었습니다." 사건의 또 다른 주모자 이율李瑮은 문양해가 향악香嶽, 노사老師, 징담澄潭이라는 세 신인에게서 글을 배운 것으로 안다고 진술했다.

관련자의 진술을 간추려 보면, 신인 향악은 본래 평안도에서 태어났으나 사건 당시 지리산 아래 살고 있었다. 향악의 속성은 김金, 이름은 호灝라 했다. 나이는 63세, 머물고 있던 지리산 속의 집은 운재雲齋로 알려져 있었다. 어떤 이는 그 이름을 김정金鼎이라고도 했다.

신인 노사의 성은 이李, 이름은 현성玄晟이라 했다. 나이는 250살로 인간으로서는 도저히 도달할 수 없는 고령이었다. 별칭은 도처결都處決이었다. 그의 호칭은 여럿이어서 서악西嶽이라고도 했고, 성거사成居士라고도 했다. 나이는 80~90세가량 되었는데, 특히 풍수에 밝았다. 문양해의 할머니 산소도 노사가 정해 주었다는 풍문이 있었다. 더욱 놀라운 이야기는 노사가 땅의 임금(곤제坤帝)이란 풍설이었다. 명지관이란 점과 일맥상통하는 것이지만, 그는 천제天帝의 배필이라고도 했다. 평소 노사는 학이란 종을 시켜 폐백幣帛을 짊어지고 다니게 하는 이상한 습관이 있었다.

노사는 신인 중의 신인이었다. 그는 그야말로 모르는 것이 없었다. 가령 장차 반란을 일으킬 경우라면 어느 지역에서 어떻게 시작하는 것이 좋을지를 물어보더라도 척척 대답해 주었다. 게다가 굉장한 정의파라서 권세를 탐하는 무리를 미워했다. 자객을 보내 그들을 찔러 죽이기도 하고, 혹은 호랑이나 표범을 보내 물어 죽이기도 했다는 소문이 자자했다. 노사가 인간 세상에 보낸 편지를 읽어 보면 1785년(정조 9) 3월에 문양해를 위해 7일간 초제醮祭를 지낼 예정이었다고 한다. 그만큼 노사는 문양해를 아꼈던 것이다. 정감록 역모 사건의 관련자 여러 명을 취조한 결과를 종합하면, 노사는 지하조직의 주요 간부들에게 거사에 필요한 정보를 여러 차례 제공했던 것으로 나타난다.

노사와 향악은 문양해와 마찬가지로 지리산 깊은 산중에 살았다. 그들 신인은 아궁이에 불을 때지 않았다. 그러나 생식生食만 했던 것은 아니고, 가끔 불에 익힌 음식도 먹었다고 한다.

그 밖에도 지리산에는 신인 징담이 살고 있었다. 그의 속명은 고경명高輕明이라 했는데, 그 능력이나 성격에 대해선 별로 알려진 것이 없다.

또 다른 신인도 있었다. 문양해는 이렇게 말했다. "신인의 성은 모茅, 별호는 일양자一陽子라고 하는데, 그 이름을 문룡文龍이라고 들은 적도 있습니다." 양형의 진술에 따르면, 이 신인은 본래 중국 사람으로 스스로를 '모선茅仙'이라 했으며, 나이는 40세 미만인데 틈만 나면 전국 각지를 정처 없이 돌아다니는 습관이 있었다. 신인 일양자는 남달리 총명해 누구보다 암기력이 뛰어났다. 《학통學統》처럼 복잡하고 어려운 책도 단숨에 술술 암송할 정도였다고 한다. 그가 지리산에 입산해 머리를 깎을 때 하늘에선 꽃비가 내렸다고 한다.

현도진인玄都眞人이라는 신인도 있었다. 진인은 그때 나이가 벌써 500살을 넘었다고 했다. 그 역시 지리산에 살고 있었다. 그의 속세 이름은 백원신白圓神이라고 했다.

향악을 비롯해 이상에서 말한 여러 신인은 지리산 선원仙園에 살고 있다고 전해졌다. 어떤 사람은 현도진인을 제외한 네 명의 신인만 지리산에 있다고 진술했다. 사람들에게 존재가 알려진 신인들의 거주지는 지리산에 국한되지 않았다. 금강산과 묘향산에도 신인이 머물렀다.

신인이 명산에 상주한다는 믿음은 멀리 통일신라 때의 금강산 연기설에까지 소급된다. 고대 한국인은 석가모니부처가 인도에 탄생하기 전에 이미 신라에 살았다고 보았다. 특히 금강산은 일만보살이 상주하는 불교의 성산聖山으로 간주되는 형편이었다. 고려 때 묘청 같은 승려는 이른바 '8성당聖堂'이라는 개념을 도입해 명당에 호국의 불보살과 신선이 머문다고 주장했다. 문양해와 양형 등 정감록 역모 사건의 주모자는 이러한 기존의 종교적 신념을 계승했다고 평가된다.

정감록 역모 사건의 주모자 양형은 여러 신인과 사귀어 자신의 장래 운수를 점치려고 했으나, 막상 신인과 직접 접촉한 이는 문양해 한 사람이었다. 다른 사람과 달리 그에겐 속기俗氣가 없었기 때문이란다. 문양해는 독신으로 지내며 여러 해째 수도생활에 전념했기 때문에 속세와 신선세계를 자유롭게 왕복할 수 있었다. 비밀결사의 구성원이 보기에 문양해는 신인의 착실한 애제자로서 장차 신인이 될 만한 잠재력을 갖춘 이였다.

사회적 신분이나 나이로 보면 문양해는 비밀결사의 말단에 속해야 마땅했다. 그럼에도 그는 조직 내에서 초월적인 지위를 누렸다. 현세의 복잡함을 초탈한 훌륭한 '도꾼'으로 인정받았기 때문이다. 물론 조직원의 그러한 평가는 몹시 과장되었거나 심지어 완전히 조작된 것일 수도 있다. 어찌 되었든 문양해가 넘나든 신비로운 세계는 역사상의 허다한《정감록》역모 사건을 이해하는 데 중요한 실마리가 될 수 있다. 한참 뒤의 일이지만 20세기 전반에 등장한 원불교와 같은 신종교집단에서도 종교성이 탁월한 어린 소년 정산鼎山을 발탁해 일거에 조직의 핵심 간부로 임명한 사실이 있다.

서울의 중인中人 양형은《정감록》비밀결사의 서울 지부 책임자였다. 가끔 그는 서울의 조직원들에게 문양해가 들려준 향악과 노사의 말을 전했다. 장차 나라가 어지러워질 거라는 예언부터 조만간 나라가 셋으로 쪼개질 거라는 위험한 소식들이었다. 또한 조선이 삼국으로 분열될 징조는 산천山川과 천문天文과 지리地理에 나타난다고 했다. 나라를 셋으로 나누어 가질 영웅은 강원도 통천의 유劉씨, 전라도 영암의 김金씨 그리고 정鄭씨라 했다. 특히 정씨는 남해의 어느 섬에 숨어 있다가 때가 되면 전국을 통일할 거라고 했다.

해도海島 진인 정씨가 출현할 시기가 더욱 구체적으로 언급되기도 했다. 1792년(정조 16) 2월, 정진인이 먼저 거사를 일으키면, 뒤이어 유씨와 김씨도 난리를 일으킬 거라고 했다. 양형이 문양해에게 전해들은 지리산 신인들의 예언은 양형을 통해 서울 사람들에게 알려졌다.

난리가 일어날 장소와 시기를 약간 다르게 기억한 사람도 있었다. 전국적으로 세 곳에서 난리가 일어나는데, 먼저 2년 뒤 전라남도 영암에서 최초의 반란이 일어나고 충청도 어느 고을에서 또 사건이 터진다 했다. 그러다 무신년에는 신병神兵(정진인의 군대)이 바다를 건너 쳐들어온다고 들었다는 것이다. 그 당시 신인 정씨는 이미 13세가 되었다고 전했다. 영암에서 군사를 일으킬 장수는 김씨이며, 충청도에서 떨쳐 일어날 이는 유씨라 했다. 이렇게 자기의 기억을 털어놓은 사람 역시 모든 예언의 근원지는 노사이며, 자기는 그 말을 양형에게서 들었다고 자백했다.

삼국으로 갈라진다는 노사의 예언은 구전으로 전파되는 과정에서 변형되거나 와전된 부분도 있었다. 예컨대 어떤 사람은 세 영웅을 유씨, 장張씨, 김씨로 인식했다. 그 또한 난국을 수습할 이는 정진인으로 보았다. 그에 따르면 진인은 이미 제주의 700개 섬 가운데 어딘가에 숨어 있었다.

문양해 일파는 진인에게 사람을 살리거나 죽이기도 하는 절대적인 능력이 있다고 철석같이 믿었다. 정진인이 서씨와 정씨에게 명령해 나라 안의 모든 사람을 대상으로 잘잘못을 기록하고 있다고 전하는 이도 있었다. 이 대목은 그리스도교에서 말하는 '최후의 심판'을 연상하게 한다. 마침 당시 한국 사회에는 서학, 즉 천주교가 유행하고 있었다. 그런 점을 고려할 때 문양해 등이 천주교의 영향을 받은 것이 아닐까 짐작되기도 한다.

그런데 문양해가 주도하는 비밀결사체가 가장 큰 관심을 가졌던 것은 곧 해도에서 나올 정진인과 자기들이 직접 연결되어 있다는 소식이었다. 그에 대해 양형은 정진인이 이미 세 차례나 부하를 국내에 파견해 사정을 탐지했다고 주장했다. 아울러 향악이 영암의 김씨 및 '서인西隣(서쪽 이웃)'과 더불어 역모를 꾸민다고도 했다. '서쪽 이웃'이란 비밀결사의 서울 지역 간부 이율을 가리켰다. 왜냐하면 이율의 집이 양형의 집 서쪽에 있었기 때문이다. 간단히 말해 이율과 양형 등 비밀결사의 핵심인사들이 신인 향악, 영암 김씨 등과 함께 거병할 예정이었던 것이다.

거병 시기는 1785년(정조 9) 3월로 예정되어 있었다. 문양해는 "대사大事를 3월에 치르고자 한다는 말을 제가 직접 향악 선생에게서 들었습니다"라고 했다. 일을 함께 도모할 사람이란 물론 앞에서 여러 차례 언급한 비밀결사의 구성원이었다. 문양해는 신인들이 모여서 사람을 죽일 것을 의논하기도 했고 국가의 안위를 따지기도 했다고 증언했다.

그의 진술대로라면, 하동에 지하조직의 근거지를 마련하자고 촉구한 사람도 지리산의 신인이었다고 한다. 장차 "임자년에 변란이 있을 것이니 미리 피난하는 것이 좋겠다"라고 말했기 때문에 홍복영과 이율이 하동으로 내려갈 계획을 세웠다는 것이다. 돈 많은 서울 양반 홍복영이 건축비를 전담하다시피 했던 데에는 대체로 이러한 속사정이 있었다.

신인에게서 나온 예언은 모두 양형과 문양해를 통해서 구성원 모두에게 전파되었다. 그러나 엄밀히 말하면 양형이 옮긴 예언과 소문들은 모두 문양해에게서 나왔다. 가령 1785년(정조 9) 봄 영암 김씨가 반란을 일으킨다는 소식만 해도 그랬다. 이 소식에 대해 양형은 다음과 같이 증언했다. "이 예언은 본래 향악 선생이 문양해에게 들려준 것인데, 제가 문양해한테서 들었습니다." 이것이 양형의 증언이었다.

현실 세계에 신인은 존재하지 않았다. 문양해를 제외한 그 누구도 신인을 직접 만나지 못했다. 즉 현실의 언어로 말하자면 신인이란 문양해가 창조해낸 가상의 존재였다. 그들이 써 주었다는 편지, 예언, 사주 등도 실은 문양해가 만든 것에 지나지 않았다. 그러나 문양해는 종교 지도자로서 영성이 탁월했던 만큼 자신이 직접 신인을 만났다고 확신했다. 그는 자신이 사기적인 행위를 하고 있다고는 전혀 생각하지 않았을 지도 모르겠다. 동학의 교주 최제우나 예수 그리스도 또는 마호메트 같은 이들도 다 신비 체험을 하지 않았는가. 문양해의 영적 체험 역시 비슷했을 것이다. 그는 지상에서 신인을 대리했고, 그가 지어낸 말이 감록파 내부에서는 몽땅 진리로 수용되었다.

서울 지부 총책이었던 양형도 상당한 종교성을 가지고 있었다. 사건의 전말을 자세히 알아보면, 하동의 지하본부 건설 자금을 댄 양반 홍복영은 양형에게 정신적으로 완전히 예속되어 있었다. 양형에게 편지를 보낼 때마다 홍복영은 '소자小子'를 자칭했다. 그는 '선생님'이라며 양형을 깍듯이 받들었다. 이렇게 된 데는 또 다른 숨은 사정이 있었다. 신인 향악, 아니 문양해가 홍복영에게 보낸 한 통의 편지가 문제의 발단이었다.

그 편지에서 문양해는 양형과 홍복영이 전생의 인연으로 현세에서도 거취를 같이 하게 되었다고 설명했다. 전생에 두 사람은 지리산 하늘에서 살며 함께 비단창고를 지키다가 귀신 하나를 찔러 죽이는 죄를 지었다. 그래서 양형은 인간 세상에 귀양을 왔고 홍복영도 20년 동안 갇혀 지내다가 비로소 이 세상에 나오게 되었다는 것이다.

이것은 하나의 간단한 보기에 지나지 않는다. 이외에도 많은 비밀결사 구성원들이 문양해가 제공해 준 종교적 설명에 따라 저마다 숙세夙世의 인연이 있다고 믿었다. 결국 엄밀한 의미로 이 비밀결사는 《정감록》과 신인의 예언을 매개로 형성된 하나의 독립적인 종교단체였으며, 도꾼 문양해는 강력한 카리스마를 소유한 청년 교주였던 셈이다.

뱀에서 용이 된
진인이 우리를
구하리라

《정감록》은 말의 해와 양의 해에 아주 특별한 경사가 일어나리라고 예언했다. 일례로 〈무학비결無學秘訣〉에 보면 "진사년에 그대는 어디로 갈 것인가? 오년과 미년엔 즐거움이 크리라"라고 했다. 이미 1414년(태종 14) 경상북도 보천 출신의 파계승 김을수가 태종에게 바친 예언서에도 "말의 해와 양의 해에 뜻을 이룬다(午未志上)"라는 글귀가 적혀 있었다.

잠깐 그때의 사정을 알아보자. 태종이 즉위한 해는 1400년(경진)으로 정세가 대단히 불안정했다. 태종의 왕권은 1402년(임오) 또는 그다음 해인 1403년(계미)쯤이 되어서야 다소 안정되었다. 예언가 김을수는 바로 그런 사실을 염두에 두고 말의 해와 양의 해에 각별한 의미를 부여했던 것이 아닐까.

다른 풀이도 가능하다. 멀리 10세기 초부터 전하는 한 가지 예언이 있다. 〈고경참古鏡讖〉에 "뱀의 해에 두 마리 용이 나타날 것이다(於巳年中二龍見)"라고 했다. 여기 언급된 두 마리 용은 다름 아닌 태봉의 궁예와 고려 태조 왕건으로 해석하는 것이 보통이다. 그런데 궁예와 왕건이라는 두 영웅은 뱀의 해에 출생하지도 않았고, 뱀의 해에 즉위한 것도 아니다. 〈고경참〉에서 뱀의 해에 성인이 등장한다고 예언한 것은 역사적 사실과는 무관한 하나의 상징적 어법이었다. 때로 상징은 역사적 사실보다 더욱 큰 영향력을 발휘할 때가 있다.

뱀이 오래 묵으면 언젠가 용이 된다는 속설이 있다. 예로부터 한국에서는 용이 되려다 실패한 뱀을 이무기라 불렀다. 상상의 동물인 이무기는 머리에 뿔이 있고 몸통엔 네 개의 발이 있다. 가슴은 붉고 등에는 푸른 무늬가 있는데 그 옆구리와 배는 부드럽기가 비단 같고, 눈썹으로 교미하여 알을 낳는다고도 한다. 특히 이무기는 때를 놓쳐 뜻을 이루지 못한 영웅호걸에 비유되곤 한다. 뱀이 큰 뜻을 품은 영웅이라면, 용은 이미 그 뜻을 이룬 왕을 가리킨다.

고대부터 한국에 널리 퍼져 있던 속설에 따르면 영웅은 모름지기 뱀의 해에 태어나야 했다. 그와 달리 중국에서는 큰 인물이 되려면 용띠라야 한다고들 말한다. 21세기를 맞이하는 서기 2000년은 마침 용의 해였다. 그해에 중국에서는 아들을 낳고자 하는 사람이 너무 많아 세계적인 화젯거리가 되었다. 어쨌거나 조선 후기까지도 사람들은 용띠보다 뱀띠를 더욱 선호한 흔적이 역력했다.

특히 성스러운 왕은 뱀 또는 용해에 등극하여 1~2년 뒤인 말의 해나 양의 해에 제구실을 온전히 할 것으로 기대됐다. 김을수가 태종에게 말의 해나 양의 해에 뜻을 이룬다고 한 말이나, 〈무학비결〉에서 "진사년에 그대는 어디로 갈 것인가? 오년과 미년엔 즐거움이 크리라"라고 한 것도 그러한 문화적 맥락에서 비롯되었다. 17세기 말에 유행한 제목 미상의 예언서에도 비슷한 구절이 있다. "진년과 사년에 성인이 나와 오년과 미년에는 즐거움이 대단하다." 앞에서 인용한 〈무학비결〉은 조선 말에 저술된 것이지만, 그보다 200~300년 앞선 17세기부터 유사한 구절이 이미 예언서에 등장했던 것이다.

조선 후기에는 《정감록》에서 구세주라고 일컫는 이른바 진인의 사주가 거론되기도 했다. 1697년(숙종 23) 이익화李翊華라는 사람이 술사術士 이영창李榮昌에게 다가올 세상의 참된 임금인 진인의 사주를 물었다. 그러자 이런 대답을 듣게 되었다. "진인은 기사년 무진월 기사일 무진시에 태어난다." 이때 이영창은 진인의 등극을 도울 사람으로 운부雲浮라는 이가 있는데, 이미 정묘년에 출생했다고 덧붙였다. 당시 조선 사회에서 유행한 예

언서에는 중국 사람으로 토끼의 해
에 태어난 장수가 우리나라에 와서
팔도를 다 밟은 뒤에 진인으로 등극
한다고 되어 있었다. 그리하여 이영
창의 해석에 신빙성을 부여하는 사
람이 많았다.

중국 명나라의 제16대 황제
숭정제崇禎帝

문제의 예언서는 현재 남아 있지
않으므로 그 자세한 내용은 알 수가
없지만, 하필 중국인 장수가 예언서
에서 중요한 역할을 맡게 된 것이
참으로 신기하다. 병자호란과 정묘호란을 겪은 뒤라서 그렇게
되지 않았을까 짐작해 본다. 어쨌든 관심이 가는 대목은 진인의
사주에 기사와 무진이 번갈아 가며 나타난다는 점이다. 그의 사
주에는 뱀이 자라나 용이 되는 과정이 두 번씩이나 되풀이된다.

뱀이 용이 되는 사주는 명나라의 숭정제崇禎帝의 경우에 해당
한다. 물론 두 번이나 같은 현상이 목격되지는 않았다. 뱀이 변
하여 용이 되는 모습이 한 번만 사주에 나와도 드넓은 중국 천
하를 다스릴 천자가 된다면, 그것이 두 번씩이나 연거푸 나오는
사주는 보통 사주가 아니다. 그래서 감록파는 이 사주를 이상세
계를 건설할 진인 왕에게나 어울리는 사주라고 믿었다.

정감록이 이끈 신세계

감록파는 세상을 바꿀 것으로 예정된 진인의 활동을 3단계로 나누기도 했다. 1단계에는 진인이 민간에 숨어 지낸다고 했다. 정감록 역모 사건의 어느 관련자는 진인이 강원도 고성에 사는 용장勇將 정학鄭涸의 집에 머문다고 했다. 그러다가 간혹 운부가 거처하는 옥정암이란 암자에 들르기도 했다는데, 운부는 진인이 정체를 숨기고 지내는 동안 정학 등에게 명령해 철저히 신변을 보호한다고 했다.

제2단계는 진인이 거사를 일으켜 대궐에 쳐들어가는 것이었다. 거사를 준비하기 위해 운부는 이미 30명가량의 승려를 서울과 각지의 주요 사찰에 파견해 놓았다고 했다. 묘정卯定과 일여一如를 비롯한 승려가 1697년(숙종 23) 3월 21일이 되기를 기다려 대궐을 공격할 예정이었다. 강계부사 신건申鍵과 상토첨사 신일申鎰 및 여러 무사도 이 사건에 공모자로 등장했다. 거사 자금을 댈 사람으로 김화의 부자 지대호池大豪 등도 합세했다. 또한 함경도의 술사 주비朱棐, 용인의 거사 조종석趙宗碩, 금성의 강거사康居士 등 여러 명의 예언 전문가가 관여했다(《숙종실록》 23년 1월 10일 임술).

마지막 단계는 진인이 왕위에 오르는 것이었지만, 이 모든 것은 한낱 미수에 그친 역모 사건으로 막을 내렸다. 사건에 관련된 감록파는 모두 체포되었다.

왕을 위협하는
진인의
탄생

그런데 17세기 전반부터는 진인 출생설이 퍼지기 시작했다. 《조선왕조실록》을 검토해 보면, 1628년(인조 6)의 출현설이 그 방면에서는 가장 오래된 기록이다. 이 기록은 전라남도 남원에 살던 송광유宋光裕가 밀고한 역모 사건에 관한 이야기다. 전에 좌랑 벼슬을 지낸 적이 있는 윤운구尹雲衢가 지인 송광유에게 진인이 세상에 나왔다고 전했다는 고발이었다. 윤운구는 조선 왕조가 망할 징조라며 예언서의 한 구절을 인용했다. "하늘이 사람을 내렸으니 그 나라는 반드시 멸망할 것이다."

자기 말에 신빙성을 부여하기 위해서 윤운구는 멀리 평안도 창성에 내린 우박까지도 동원했다. 그 우박 모양이 사람 얼굴을 닮았다는 소문도 함께 전했다. 윤운구는 진인의 탄생을 기정사실로 못 박기 위해 천문을 아는 사람의 말을 인용해 푸른 구름이 남산을 감싸고 있다고 전했다. 그의 설명에 따르면 그것은 성스러운 왕이 태어날 조짐이었다.

윤운구는 허의許顗라는 이름을 가진 친구에게 관심의 눈길을 보냈다. 허의는 아명이 남산으로, 남산의 푸른 구름과 뭔가 특수한 연관이 있어 보이는 이름이었다. 윤운구 등은 소문으로 들려온 여러 가지 이상한 사건들이 곧 허씨 집안에서 왕이 태어날 징조라고 주장했다.

허의의 관상이 좀 특별하기는 했다. 그는 양미간 사이에 콩알만 한 검은 점 하나가 있었는데 마치 부처의 양미간에 있는 백호를 연상케 했다. 허의는 몸집이 비대한 편이라 허리가 굵고 배도 불룩 튀어나왔다. 그런데 당시에는 살진 사람이 팔자가 유복하다고 여기는 경향이 있었다. 게다가 허의의 복서골伏犀骨(두 눈 사이에 있는 코뼈에서 이마까지 솟은 뼈 부위)이 반듯하게 서 있어 영락없는 임금의 관상이라는 말도 들렸다. 허의뿐만 아니라 그의 외삼촌도 외모가 남달라 귀티가 있었다고 한다.

그런 허의가 천녀天女를 만나 신이한 아들을 낳았다는 소문이 각지에 널리 퍼졌다. 윤운구와 그의 동지들은 허의가 천녀와 낳았다는 아들을 진인으로 간주했다. 그들은 그 아기를 진인왕으로 믿고 난리를 일으킬 계획을 세웠다. 오늘날 보면 참으로 황당무계한 역모 사건이었다. 우선 윤운구는 허의와 그의 외삼촌

임계林垍를 비롯한 여러 임씨부터 포섭했다. 그들은 전라남도 광주와 화순에서 난리를 일으키려 했다. 동조자인 이상온李尙溫과 국사효鞠事孝 등은 담양에서 변을 일으킬 예정이었다. 남원에서는 이유가 반란을 주도하기로 했다.

남원의 사정은 더욱 특이했다. 당룡倘龍과 부용남夫龍男 등 여러 명의 천민이 '살인계殺人契'를 만들어 놓고 있었는데, 그들도 이 반란에 합세하기로 뜻을 모았다. 반란 세력은 이에 그치지 않았다. 해안 지방인 고부와 부안에서는 유인창柳仁昌과 유선창柳善昌 등이 반란에 가담했고, 충청도와 접경인 여산에서는 송흥길宋興吉과 소신생蘇信生 등이 함께 하기로 했다. 전라도의 중심지인 전주에서도 우전禹甸과 두기문杜起文 등이 들고 일어나기로 약속했다.

때가 되면 허의는 진인인 아들과 함께 승려로 구성된 4000~5000명의 군대를 거느리고 지리산을 거쳐 일단 경상도 진주로 진출해 근거지를 마련할 예정이었다. 그 다음 윤운구와 전주부主簿 원두추元斗樞 등은 서울과 경기 지방의 반군을 이끌고 대궐을 공략하려 했다. 만약에 거사가 실패하면 그들은 일단 충청, 전라, 경상도를 점령한 다음 일본에 구원병을 요청하기로 계획했다. 임진왜란 이후 한국 사회에 조성된 반일 감정을 감안할 때 일본에 원병을 청한다는 계획은 정말 뜻밖의 일이었다.

앞에서 설명한 이러한 진술은 사건을 조정에 밀고한 송광유의 자백에서 나온 말이다.

전라도 양반이 진인을 내세워 반역을 도모한다는 밀고가 들어오자 조정이 발칵 뒤집혔다. 곧 궐내의 내병조內兵曹에 국청이 설치되었고, 관련자가 붙들려 와서 엄한 심문을 받았다. 그러나 사건의 주범으로 간주된 윤운구는 전혀 다른 이야기를 늘어놓았다. 그는 고발자인 송광유와 친밀한 사이가 아니라고 잡아뗐다. 죽은 송광유의 아버지와는 교유 관계가 있었지만 송광유는 잘 알지 못하기 때문에 절대로 함께 역모를 꾀할 처지가 아니라고 변명했다.

송광유 일가는 인조반정으로 인해 위기에 빠져 있었다. 그의 아버지는 광해군 말년에 역모 사건으로 죽은 허균의 장인이었다. 즉 송광유의 서매庶妹(정실이 아닌 첩에게서 태어난 누이)가 허균의 첩이었는데, 허균이 역모 사건에 얽혀 죽고 송광유의 아버지도 유배되었다가 사망했다. 그때 윤운구가 태인에 있는 송광유의 본가에 들러 문상을 한 일이 있었으나, 그 이상의 교류는 없었다는 것이다.

전 주부 원두추 역시 억울함을 호소했다. 자기 형 원두표元斗杓가 전주부윤으로 있을 때 송광유를 사귀었지만 역적 모의를 함께한 적은 없다고 말했다. 본래 송광유는 남의 노비를 빼앗으려고 원두표에게 청탁했으나 거절당하자 원씨 일가를 증오했다고 덧붙였다. 원두추는 송광유가 자신을 해치려고 헛소리를 한다고 주장했다.

허의의 외삼촌 임게도 변명했다. 허의에게는 특이한 아들도 없으며, 천녀 운운한 것은 억지에 불과하다는 것이다. 지난날 허의가 경상북도 개령을 지나다 행실이 단정하지 못한 어떤 여인과 동침한 것은 사실이나, 그 후 그 여인은 걸인이 되어 떠돌아다니다 죽었다고 했다.

국왕 인조는 심문을 담당한 여러 신하의 의견을 물었다. 다들 머뭇거리기만 할 뿐 누구도 사건을 명쾌하게 정리하지 못했다. 송광유가 밀고한 내용이 모두 허구도 아니었지만, 어김없는 사실로 간주할 수도 없었다. 왕 역시 그 점에 동의했다.

이 모든 혼란은 인조반정에 대한 불만에서 비롯된 것이었다. 원두추 같은 인사가 끼어 있었다는 사실은 좀 설명하기 곤란했지만 말이다. 그의 친형 원두표는 인조반정에 공을 세워 정사 제2등 공신이 되었기 때문이다. 그럼에도 인조반정의 정당성을 의심하는 양반은 적지 않았다.

처음에 인조는 이 사건에 관련된 자 대부분을 무죄로 판결하고, 사건을 밀고한 송광유도 풀어주려 했다. 그러나 저간의 사정을 알고 있었던 조정 대신들은 진인 사건의 주모자들이 예언과 여러 징조를 빙자해 조정을 원망한 것으로 보고 우여곡절 끝에 타협책을 마련했다. 사건을 확대하지 말고 처벌을 최소화하는 것이었다. 그래서 조정을 비방한 혐의가 뚜렷한 윤운구, 유인창 등을 유배형에 처하자고 했다. 사헌부와 사간원에서도 매일같이 송광유의 처벌을 주장했다. 그러자 인조는 "나의 식견이 어두워 사전의 전모를 다 알 수가 없도다. 경들이 공론에 따라 의논하여 아뢰라"라고 말하며 마지못한 듯 그들의 의견을 수용했다(《인조실록》6년 12월 18일 갑진).

결국 윤운구 사건은 인조반정에 불만을 품은 양반이 민간에 유행한 진인 출현설과 예언서에 기대어 일으킨 역모 사건이었다고 볼 수 있다. 말하자면 상층문화가 하층문화를 흡수한 것이다. 민중의 진인설화가 양반에 의해 역사의 공식 무대 위로 올라간 셈이다. 몇 번인가 이런 과정이 반복됨에 따라 진인의 모습은 구체화되어 갔다. 이처럼 뱀이 용으로 변하는 진인의 사주 하나에도 역사와 더불어 단련된 기층문화가 숨 쉬고 있다.

불온서적을
탐한
선비

조선 왕조가 남긴 관변官邊 자료를 액면 그대로 받아들일 경우 강이천은 사기꾼에 불과했다. 그는 충청도의 시골 부자 김신국의 돈을 갈취하려고 당시 세상을 떠들썩하게 만든 조선 망국의 예언을 빙자했다. 강이천이 속삭인 조선 망국의 예언은 다음과 같다.

이제 곧 이 나라는 망하게 되어 있다. 새로 나라를 세울 이는 서해 바다의 어느 섬에서 나올 영웅(해도 진인)이다. 나는 그들과 이미 기맥을 통하고 있다. 내 말을 잘 들으면 장차 난리를 무사히 넘길 수 있다. 새 세상에서 출세도 할 것이다.

그러나 소북의 명가자제이자 강세황姜世晃의 친손자인 진사

정감록이 이끈 신세계

강이천이 경기도 여주에 살던 친구 김건순金健淳(김상헌의 종손이 자 노론 명가의 자제)과 서울의 명가자제 김선金鐥에게 금품을 요구 했다는 혐의를 믿기 어렵다. 김선은 강이천의 친구인 문장가 김 려金鑢의 친동생이다. 관변 기록에 따르면 강이천은 자신의 시 골집이 자리한 천안의 풍서가 천하제일의 길지라고 주장하면서 김건순과 김선에게 그리로 이사하기를 권유했다. 그들에게 돈 을 요구한 것은 풍서에 집터와 전답을 장만하기 위한 비용 때문 이었다고 한다.

과연 강이천은 혹세무민의 사기꾼이었을까? 김건순과 김선 으로 말하자면 당대 최고의 벌열閥閱 가문의 후예였다. 조선을 대표하는 젊은 지식인이었으며, 자신의 뜻대로 쉽게 이사할 수 도 없는 처지였다. 김신국 역시 충청도에서 이름난 양반이었다. 한마디로 그들은 강이천의 몇 마디 말에 속아 넘어갈 사람들이 아니었다. 또 강이천이 이사와 피난 등의 명목으로 금품을 요구 할 리도 없었다.

만일 강이천이 금품을 요구했다면, 그것은 그들 사이에 외부 에 공개할 수 없는 비밀스러운 합의가 존재했다고 봐야 옳다. 강이천을 비롯해 김신국, 김선 그리고 김건순을 하나로 이어 준 공감대는 과연 무엇이었을까?

그들은 조선 왕조의 멸망을 점친 《정감록》의 예언을 신봉했다. 특히 강이천은 예언에 대한 신뢰가 남달랐다. 그는 감록파였던 것이다. 《추안급국안》에 실린 그들의 진술을 종합하여 도달한 결론이다. 1797년(정조 21)경 강이천은 조선의 멸망이 임박했다고 믿고 멸망의 날을 정확히 예측하기 위해 따로 천문과 점술을 공부할 정도였다.

조선의 멸망에 대한 강이천의 확신은 당시의 국내외 상황을 통해 더욱 굳어졌다. 특히 점증하는 서양과의 새로운 관계를 통해서 그러했다. 그는 경상남도 동래에 서양 선박 한 척이 표류해 왔고, 서양 종교인 천주교가 조선에 퍼지는 데다 중국인 신부까지 국내에 잠입했다는 사실을 듣고 《정감록》에 예언된 조선의 멸망이 코앞으로 다가왔다고 믿었다. 서양이 동아시아에 진출한다는 사실이 그에게는 시운의 급변을 의미했기 때문이다.

강이천에게 서양 종교 천주교는 새로운 세상을 구현하는 강력한 원동력이었다. 1800년대 조선 천주교회를 대표해 황사영이 기록한 〈황사영백서〉를 보면, 강이천은 천주교회와 접촉을 시도했다. 문제의 백서에서는 강이천이 자신의 정치적 야망을 이루기 위해 잠시 천주교에 관심을 가졌을 뿐이라고 말했다. 그와 대조적으로 김건순 같은 이는 중국인 주문모周文謨 신부에게 감화되어 충직한 천주교 신자가 되었다고 적었다.

그러나 〈황사영백서〉가 내린 이러한 결론은 미심쩍은 부분이 있다. 《추안급국안》을 자세히 검토해 보면 김건순과 마찬가지로 강이천도 주문모 신부를 만나 종교적 담화를 가진 다음에 점술 책자를 불살라 없앴다고 했다. 그뿐 아니라 강이천은 자신의 지인에게도 김건순에 관해 호의적인 이야기를 많이 했고, 주문모 신부를 만나 보라고 권유하기도 했다. 강이천이 영세를 받지 못한 상태에서 옥중 사망한 것은 사실이지만, 자기 나름으로는 천주교에 깊은 호감을 가지고 있었다. 《정감록》에서 그는 큰 매력을 발견했지만, 천주교 역시 그에게 중요했다.

그러나 천주교회는 강이천을 잊었다. 훗날 《한국천주교회사》를 집필한 프랑스의 달레 신부는 황사영의 견해를 대폭 수용해 강이천을 이단으로 단죄했다. 처음에는 김건순과 강이천이 함께 도술 공부를 했으나, 김건순은 천주교에 귀의하여 1801년(순조 1) 명예롭게 순교했다고 기술한 것이다. 당시 '사학죄인'이라는 죄명으로 처벌을 받은 강이천의 입장에서는 매우 억울한 일이다.

감록파이기도 했던 그는 생전에 조선의 멸망에 뒤이어 등장할 새 나라의 모습을 자주 떠올렸을 것이다. 그가 꿈꾼 새 나라는 과연 어떤 나라였을까? 심문 기록을 바탕으로 어느 정도 추측이 가능하다. 강이천이 열망한 새 나라는 지금까지 가난과 차별로 억눌렸던 사람이 더 이상 굶주리지도 않고 억울한 처지에

놓이지도 않게 하는 사회였다. 곧 사회정의가 완벽하게 실현되는 나라였다. 강이천이 신창현의 부자 김신국을 설득해 가난한 사람에게 재산을 나누어 주게 한 것은 그 때문이었다. 평소에도 강이천과 그의 친구 김려는 서민 생활에 초점을 맞춘 문학 작품을 많이 썼을 정도로 사회문제에 관심이 깊었다.

강이천이 열망하는 새 나라는 정치 형태상으로 보면 여전히 왕조 체제를 답습할 것이었다. 신분제도 역시 전면 폐지되지는 않을 것이다. 그럼에도 본질적인 변화가 예정되어 있었다. 새 나라의 도덕과 윤리는 성리학 지상주의에서 벗어나게 될 것이었다. 나라에 대한 충성과 부모에 대한 효도를 여전히 강조하게 되더라도, 그것은 어디까지나 천주교라든가 도교적 입장에서 강조될 일이었다. 감록파 강이천이 천주교를 신봉했고 도교에도 깊은 관심을 가졌다는 점은 의문의 여지가 없었다.

또 하나, 강이천에게 신비주의적 경향이 짙었다는 점도 기억해야 할 것이다. 그는 '해도 진인' 또는 '이인異人'이라 불리는 초인간적 존재에 많은 기대를 걸었다. 그리하여 주문모 신부에게 해도 진인의 역할을 주문하기도 했다. 강이천의 내면을 사로잡았던 것은 한마디로 종교적 영웅주의 또는 신비주의에 가까웠다.

이 모든 점을 고려할 때 강이천이 꿈꾼 새 세상은 이성과 합리를 중시한 서양의 근대성과는 전혀 달랐다고 여겨진다. 서양 중세의 종교적 세계관이나 조선 왕조 특유의 성리학적 이상세계와도 다른 새로운 형태의 유토피아였다고 볼 수 있다. 이것이 강이천 한 사람에게 국한된 것으로 보기는 어렵다. 상당수의 감록파 지식인들이 강이천과 크든 작든 사상적 접점을 공유했을 것이다.

잡힐 듯
잡히지 않는
이상세계

─────

《정감록》의 이상세계를 체계적으로 일목요연하게 정리하기란 어렵다. 그것이야말로 대단히 복합적인 성격을 띤 것이다. '한국 문화의 나이테'라고 불러도 좋을 정도로 《정감록》에는 다양한 문화적 흐름이 교차한다. 예언서의 중심에는 물론 18~20세기의 한국 사회를 고뇌에 빠뜨린 문제가 있었다. 부패하고 무능한 관리, 정의롭지 못한 사회경제 여건, 망국의 위기를 초래하는 외세의 침략과 간섭 등이 그것이다.

20세기 초반에는 일반이 감록파라고 부른 집단, 곧 정감록 신앙집단은 처음부터 통일된 대규모 집단이 아니라 크고 작은 이질적 집단으로 공존했다. 그들의 존재 방식도 다양했는데, 그 가운데는 신종교집단으로 발전한 경우도 있었다. 문양해가 이끈 비밀결사가 그에 해당한다.

정감록이 이끈 신세계

감록파는 진인(해도 진인)에 큰 희망을 걸었다. 진인이란 과연 무엇이며, 한국 역사에 어떠한 기여를 하게 될 것인지를 둘러싸고 수세기에 걸친 종교적 담론이 펼쳐졌다. 17세기부터 끝없이 이어진 그들의 담론은《정감록》사건 관계 기록에 산견散見된다. 이를 분석함으로써 감록파의 종교적 상상을 만날 수 있었다. 그런 가운데 상하 계층의 종교적 관념이 교섭하는 현장을 포착하기도 했다.

18~19세기에는 강이천처럼 '종교적 경계'를 방황하는 이들이 비교적 광범위하게 존재했다. 심문 기록을 토대로 강이천이 꿈꾼 이상세계에 다가설 수 있었다. 그것은 서구의 근대와도 확연히 구별되고, 기성의 성리학적 세계관과도 구별되는 그 나름의 독특한 세계관이었다.

미륵보살이 깨어난 세계

백승종

| 난세가 | 이금, 신종교가 | 새 세상을 약속하는 |
| 불러낸 신 | 낳은 첫 번째 화신 | 상징이 된 미륵 |

6

변산, 미륵신앙의
진원지

봉우리와
골짜기마다
자리한 성지

오랜 세월 민중에
뿌리내린 믿음

미륵신앙의 입장에서 본 이상향은 무엇일까? 주제의 범위가 매우 좁게 정의된 것 같아 보이지만, 실은 그렇지 않다. 이 문제에 답하려면 우선 이론적인 면, 곧 불교 경전에서 말하는 '미륵하생신앙彌勒下生信仰'의 정수가 무엇인지부터 캐물어야 한다. 나아가 실천적인 면도 빠뜨릴 수 없다. 역사적 흐름과 더불어 변천을 거듭해 온 미륵하생신앙의 여러 가지 형태를 심도 있게 분석해야 한다.

조선 후기 미륵신앙에 관심을 가지다 보니 뒤늦게 한 가지 중요한 사실을 깨달았다. 미륵하생신앙이 한국 사회의 특수한 종교 현상이 아니라는 점이다. 조선의 미륵하생신앙은 동아시아의 역사적 맥락을 감안하면 좀 더 깊이 있게 이해할 수 있다. 한국의 미륵하생신앙은 중국 역대의 백련교운동과 비교, 검토해 볼 때 그 보편성과 특수성이 더욱 분명하게 드러난다. 또 19세기 이후 일본에서 전개된 신종교운동과도 비교해 볼 필요가 있다. 비록 이런 점이 기왕의 연구에서는 별로 강조된 적이 없지만, 미륵하생신앙을 보다 심층적으로 이해하기 위해서는 동아시아의 종교문화적인 맥락을 고려해야 한다. 그에 더하여 시공간의 역사적 변화에 따른 미시적 차이를 섬세하게 검토하는 작업이 수행되어야 한다. 인식의 전환이 있어야 한다는 말이다.

이 글에서 예시 또는 설명하고자 하는 것은 대체로 다음의 두 가지 정도에 국한된다. 첫째, 미륵하생신앙은 역사적 변주를 거치면서 상당한 변화를 겪었다. 10세기부터 한국 사회에는 미륵부처의 환생임을 주장하는 이들이 간헐적으로 출현했다. 불교신앙이 사회의 모든 계층으로 확산됨에 따라 《미륵하생경》에 언급된 '미륵하생'에 대한 기대가 현실로 표현되곤 했던 것이다.

흥미롭게도 미륵의 환생이 거듭되자 미륵신앙은 불교의 영역을 벗어나기 시작해 19세기 후반에는 신종교의 성립에도 결정적인 영향을 미쳤다. 그 당시 신종교의 지도자들은 미륵불의 화신으로 간주되는 경우가 많았다. 흥미롭게도 중국의 백련교운동에서도 유사한 현상이 발견된다. 특히 조선의 민중 지도자는 부패하고 불의한 현실 사회를 청산하고 이상 사회를 현실 속에 구현하고자 미륵하생신앙에 기대어 신종교를 개창했다. 이같은 사실은 크게 주목할 만한 일이다.

둘째, 미륵하생신앙은 조선 후기에 유행한 《정감록》속으로도 깊숙이 파고들었다. 이 점 역시 크게 강조할 필요가 있다. 《정감록》에 언급된 길지吉地는 전쟁의 환란에서 안전을 보장하는 장소, 곧 '병화불입지兵火不入地'라고 일컬어지는 곳이다. 풍수지리설에 입각하여 전국의 명당 중에서도 특별히 선택된 열 곳을 이른바 '십승지十勝地'라고 부른다. 십승지 중에는 풍수지리설보다 미륵하생신앙과 더욱 관계가 깊은 곳도 있다. 전라북도 부안의 호암壺巖이 바로 그곳이다.

요컨대 조선 사람이 추구한 미륵하생신앙은 복합적인 면모를 띠었다. 그 점은 단편적인 사례만으로는 실체를 온전히 밝힐 수 없다. 그럼에도 이 한 편의 글을 통해 조선 사람이 꿈꾸었던 미륵하생의 신세계, 곧 용화세계龍華世界의 모습에 한 걸음 가까이 다가갈 수 있기를 바란다.

난세가
불러낸
신

———

1743년(영조 19)에 세워진 충청남도 은진의 관촉사 사적비에는
은진미륵불에 관한 다음과 같은 구절이 나온다.

> 은진미륵불은 국가가 태평하면 온몸에 광채가 나고 상서로운 기운
> 이 공중에 어린다. 그러나 국가의 운수가 흉하거나 난리가 일어나
> 면 온몸에 땀이 흐르고 손에 든 꽃도 빛을 잃는다.

즉 민중이 은진미륵불의 모습을 바라보면서 그때그때 나라의
운명을 점쳤다는 것이다. 도대체 미륵불이 누구이기에 조선 민
중에게 미래를 보여 주었다는 것인가? 불교 경전에 따르면, 미
륵불은 장차 지상에 강림해 수많은 사람을 성불成佛의 길로 이
끌어 준다. 미륵하생의 세상은 물질적 풍요, 사회적 갈등의 소

미륵보살이 깨어난 세계

은진미륵불이라 불리는 충청남도 논산시 관촉사의 석조미륵보살입상

멸, 무병장수의 신세계로 요약될 수 있는 불교적 이상세계다.

그런데 자세히 알고 보면 이와 같은 구세신앙은 석가모니부처 당대에는 존재하지도 않았다. 종교학자의 연구에 따르면 미륵하생신앙, 곧 미륵불이 세상에 내려와 이상세계를 구현한다는 믿음은 빨라야 100년 전쯤에 그 모습을 서서히 드러내기 시작했다. 일종의 구세신앙인 미륵하생신앙이 불교도 사이에서 크게 유행한 것은 3세기의 일이었다.

미륵신앙이 동아시아에 소용된 것은 바로 그 무렵이다. 북위때 중국에 전파된 것인데, 세월이 흘러 당나라 이후에는 보편적인 신앙으로 자리 잡았다. 한국에서는 어땠을까? 불교가 처음 수용되던 4세기 이후 미륵불은 지속적으로 많은 사람의 마음을 사로잡았다. 《미륵상생경》,《미륵하생경》,《미륵성불경》에 따르면 누구든지 미륵불을 통해 손쉽게 성불할 수 있고 현세에서도 풍요를 누릴 수 있었기 때문이다.

한국 역사에는 스스로를 미륵부처의 환생이라고 주장한 이가 적지 않았다. 《삼국사기》를 비롯해 《고려사》와 《조선왕조실록》에서 관련 기록을 찾아보면, 그들은 늘 예언을 빙자했고 직접 예언서를 조작하기도 했다. 미륵의 환생은 19~20세기에 창립된 여러 신종교 경전에도 나온다. 많은 신종교 단체가 그들의 교조를 미륵불로 간주한 경우가 많았다. 예컨대 증산교 교조는

미륵보살이 깨어난 세계

스스로를 '천자미륵'이라고 했다. 미륵불인 동시에 세상을 직접 다스릴 최고의 통치권자라고 정의한 것이다. 강증산은 제자에게 "나는 미륵이니 나를 보고 싶거든 금산사 미륵불을 보라" 하고 직접 설파하기도 했다(《대순전경大巡經典》 초판 13장).

이금,
신종교가 낳은
첫 번째 화신

상식적으로 말하면 한국 역사상 신종교가 처음 등장한 것은 19세기 후반부터다. 하지만 미륵신앙에서 갈라져 나온 일종의 신종교가 이미 고려 후기에도 존재했다. 그 시기 중국에는 백련교를 기반으로 한 '홍건적'이 맹위를 떨치고 있었다. 명나라를 세운 주원장 역시 홍건적의 두목 가운데 하나였다.

바로 그 시절, 고려에도 신종교 단체가 있었다. 구체적으로 고려 우왕 때였다. 경상남도 고성 출신인 이금伊金이란 사람이 자기를 미륵불의 화신이라고 주장했다. 이금은 다음과 같은 몇 가지 새로운 주장을 폈다.

무릇 귀신에게 빌거나 제사하는 사람, 말고기나 쇠고기를 먹는 사람, 돈과 재물을 다른 사람에게 나누어 주지 않는 사람은 모두 죽게 될 것이다.

이금의 종교적 입장은 세 가지로 분석할 수 있다. 첫째, 민간신앙에 대한 선전포고다. 당시 불교는 토착신앙에 관대했고, 그 일부는 불교신앙에 흡수됐다. 산신이나 칠성을 모시는 민간신앙이 사찰에도 자리 잡았던 것이다. 그러나 이금은 이런 민간신앙을 근원적으로 배격했다.

둘째, 육식을 철저히 금했다. 고려 후기에는 민간신앙의 제물로 고기가 바쳐진 것은 물론이고, 밀교의 승려도 육식을 금하지 않았다. 그러나 이금은 고대 중국의 도교에서 기원한 채식주의를 강화하려고 했다. 채식주의는 고려의 무당도 믿고 따르는 종교적 태도였다.

셋째, 사회 구제 활동을 신앙생활의 엄격한 규범으로 정했다. 이금의 신종교는 사회정의 실현을 강조했고, 그런 점에서 개혁적인 성격이 뚜렷했다. 빈농을 비롯한 대다수 민중의 지지를 받기에 족한 신종교였다. 이금의 주장에 좀 더 귀를 기울여 보자.

만일 내가 하려고만 하면 풀에는 파란 꽃이 피고, 나무에도 곡식이 열릴 것이다.

위의 글에서 이금이 말한 파란 꽃은 상상의 꽃이며, 나무에 곡식이 열릴 수도 없는 노릇이다. 그러나 그는 자신이 전능한 미륵불이기 때문에 자연계의 법칙을 마음대로 바꿔 놓을 수 있다고 선전했다. 특히 가난한 민중을 배불리기 위해 "한 번 씨를 뿌려 두 번을 거둘 수도 있게 한다"라고도 주장했다.

이금이 약속한 지상낙원은 다분히 공상적이지만 《미륵하생경》에 묘사된 용화세계, 곧 용화수 아래 펼쳐질 이상세계를 방불케 했다. 알다시피 미륵신앙은 상생신앙과 하생신앙으로 구분된다. 양자는 서로 상당한 차이가 있다. 생전에 공덕을 쌓아 죽은 뒤 미륵보살이 주재하는 도솔천兜率天에 다시 태어나기를 바라는 것은 상생신앙이다. 그에 비해 하생신앙은 현세에서 법을 깨치고 지상낙원에 살기를 바라는 것이다. 불교 경전에 따르면 장차 석가모니불이 입적한 지 56억 7000만 년이 지난 다음 미륵불이 세상에 내려와 세 번의 법회를 여는데, 그때 성불하기를 기원하는 것이 미륵하생신앙이다.

고려 후기의 신종교 지도자 이금이 약속한 이상세계는 그보다 500년도 더 지난 20세기 초에도 유사한 모습으로 살아남았다. 강증산이 말한 '조화선경造化仙境'과 이금의 약속은 서로 닮았다. 이중성李重盛이 편술한 《천지개벽경天地開闢經》에서 강증산은 조화선경에 대해 이렇게 말했다.

'세상 사람이 하늘에 올라가고 밤과 낮이 막힘없이 환하게 통하고, 백 가지 곡식을 오래도록 거두어들이고 만 가지 과일이 굵고 크며 풍성한 음식이 저절로 생기고, 아름다운 옷이 스스로 이르고' 하는 세상이 될 것이다.

사실 강증산의 이러한 발언은《미륵하생경》에 묘사된 이상세계와 흡사하다. 물론 엄밀히 말하면 약간의 차이는 있다. 강증산은 단순하면서도 투박한 표현으로 19~20세기 민중의 염원에 더욱 가까이 다가가고자 했다. 특히 "세상 사람이 하늘에 올라가고"라든가, "밤과 낮이 막힘없이 환하게 통하"게 한다면서 비행기와 전기를 이용하는 서양 현대인의 모습을 이상세계의 풍경에 담았다.

고려시대의 이금 역시 시대 문제를 깊이 인식했다. 그는《미륵하생경》에서 한발 더 나아가 왜구의 침략으로 지친 민중에게 위안을 주려고 다음과 같이 약속했다.

나는 산과 개울의 신을 동원해 왜적을 포획할 수도 있다.

이러한 약속은 그가 사회정의와 더불어 평화로운 삶을 중시했음을 알려 준다. 이것은 조선 후기에 유행한 예언서《정감록》

이 진인을 등장시켜 장차 일본을 복속시킬 것이라고 예언한 것과 흡사하다.

이금은 자기가 창건한 신종교를 효과적으로 전파하려고 '폭력적인' 경고를 남기기도 했다. 위에 언급한 세 가지 계율을 어기면 목숨을 잃게 된다고 한 것이다. 그뿐 아니라 "만일 내 말대로 하지 않으면 오는 3월에 해와 달이 모두 빛을 잃고 컴컴해지리라"라고 했다. 이금의 가르침을 무시할 경우 세상은 종말을 맞이한다는 것이었다.

이금의 예언은 섬뜩했고 효과도 컸다. 훗날 18~19세기에 《정감록》의 말세 예언에 따라서 수십만 명을 헤아리는 정감록 신앙 집단이 형성되었듯, 고려 때도 수백, 수천 명이 이금의 가르침을 따랐다. 어떤 사람은 후환이 두려워 말이나 소가 죽더라도 감히 고기를 먹을 생각조차 못했다. 잘 믿기지 않는 기록이지만 부자 중에도 이금의 신도가 생겨나 재산을 가난한 사람에게 나누어 주기도 했다. 《고려사》에는 그때 많은 사람이 쌀과 베, 금과 은을 이금이 이끄는 신종교에 바쳤고, 활동 자금이 풍부해진 이금의 신종교는 삽시간에 폭발적으로 성장했다고 기록했다.

이금의 신도 가운데서 이채를 띤 것은 남녀 무당이었다. 그들은 유난히 이금을 공경하고 따랐다. 그동안 자기들이 섬겨온 서

미륵보살이 깨어난 세계

낭당이며 사묘祠廟 등 민간신앙의 성전을 일시에 허물어 버리고, 이금을 살아 있는 미륵불처럼 정성껏 모셨다. 현세의 복과 이익을 바라는 사람들도 앞을 다투어 이금에게 몰려왔다. 이 신종교의 신도는 대부분 가난한 민중이었지만, 부자도 없지 않았던 것이다. 고급 관리 중에도 이금의 신도가 있었다.

정확한 수를 알 수는 없지만 수천 명이 이금의 제자가 되었다. 그들은 '미치광이처럼' 열광적으로 전도에 열심이었다. 사회정의를 선포한 신종교라서 전파 속도가 매우 빨랐고, 급속히 사회 세력으로 대두했다. 이금의 제자들은 전국을 누볐다. 그들이 지나가는 곳마다 고을 관아에서 융숭한 대접을 베풀어 주었다. 심지어 어떤 고을에서는 수령이 직접 마중을 나와 이금과 고위 간부를 관사로 초청할 정도였다.

물론 이금 일파의 등장을 경계하는 이도 적지 않았다. 고려 왕실과 일부 귀족은 이금을 제거할 계획을 세웠다. 그러나 갑자기 사교邪敎로 선포해 탄압을 전개하면 도리어 이금 쪽에서 집단적인 무력 저항을 펼칠 가능성이 없지 않아 적극적으로 손을 쓰지는 못했다. 그만큼 이금의 신종교는 성장해 있었던 것이다.

그러나 청주목사 권화權和는 달랐다. 그는 은밀한 꾀를 써서 이금을 처치할 생각이었다. 청주는 큰 고을로 중부와 남부 지방을 잇는 간선도로상에 위치했으므로 이금 일행이 가끔 지나가는 곳이었다. 권화는 만반의 준비를 해 놓고 이금 일행이 다시 청주에 들르기를 기다렸다. 그런 줄도 모르고 이금은 고위 간부를 대동해 청주에 들렀다. 청주목사 권화는 이금 일행에게 향응을 제공할 뜻을 보여 그들을 관아로 유인한 다음, 재빨리 체포해 버렸다. 1382년(우왕 8)의 일이었다.

그는 이 사실을 황급히 조정에 알렸다. 개경에선 매우 기뻐하며 각 도에 공문을 보내 이금의 신종교에 가담한 이들을 몽땅 잡아들여 사형에 처하라고 명령했다. 그 바람에 고위 관료 양원격楊元格 같은 이도 결국 목숨을 잃게 되었다. 과연 얼마나 많은 수의 신도가 이때의 박해로 희생됐는지는 알 수 없다. 한 가지 분명한 사실은 미륵불을 자처했던 이금의 신종교가 표면상으로는 완전히 박멸되었다는 점이다(《고려사》 권 107). 이금 일파에 대한 박해는 19세기 말에 있었던 동학교도에 대한 탄압을 쉽게 연상시킨다.

비록 한때였지만 이금의 신종교가 맹위를 떨친 이유는 무엇일까? 종교 지도자로서 이금이 가졌던 카리스마, 부정부패한 고려의 사회 현실 그리고 내우외환으로 민생이 피폐했다는 점을 지적할 수 있다. 아울러 비슷한 시기 중국에서도 미륵신앙을 모태로 한 백련교의 활동이 인기를 얻었다는 사실도 유념해야 할 것이다. 이런 여러 가지 이유로 당시 사회에는 미륵신앙과 각종 예언이 유행했을 것이다.

미륵신앙과 관련해 특히 향나무를 해변에 묻는, 이른바 매향埋香 풍속이 대단히 유행했다는 점도 언급할 만하다. 고려 말에서 조선 초에 널리 퍼진 종교 현상이었는데, 장차 미륵부처가 세상에 출현하면 그에게 바칠 향을 미리 준비하는 의식이었다. 매향은 집단적으로

경상남도 사천시 흥사리 매향비

이뤄졌으며, 행사 후 그 사실을 바위에 기록한 매향비를 남기는 경우가 많았다. 강원도 고성의 삼일포를 비롯해 경상남도 사천, 전라남도 영암·목포, 충청남도 서산 등 전국의 여러 해안 지방에서 매향비가 속속 발견된다.

그중 가장 대표적인 것이 삼일포 매향비다. 그 비문에 따르면 강원도 각 고을을 다스리는 지방관 10여 명이 이 행사에 참가했다. 그 밖에 남녀노소 수천 명이 동해안 아홉 군데에 모두 1500 다발이나 되는 향나무를 땅속 깊이 묻었다고 했다. 위에서 살핀 이금의 신종교는 아마 이런 매향 집단과 긴밀한 관계가 있었을 것이다.

매향비가 만들어진 지방마다 일종의 신종교 집단이 다양하게

존재했을 법하다. 다만 그들 집단의 활동은 미륵을 신앙하는 종교 행위에 그쳤을 뿐, 사회 또는 정치적 운동을 자제했기 때문에 역사 기록에는 언급되지 않은 듯하다. 그에 비해 이금이 이끈 집단은 예언을 내세워 사회 개혁을 추진했기 때문에 조정의 탄압에 직면했던 것이다. 이 점은 조선 후기에 《정감록》을 믿은 신앙 집단이 무수히 많았지만, 정작 사회적으로 물의를 일으켜 공식적인 역사 기록으로 남은 경우는 일부에 국한되었던 것과 비슷하다.

미륵보살이 깨어난 세계

새 세상을 약속하는
상징이 된
미륵

――――――

《미륵하생경》에 기반을 둔 신종교의 등장이란 관점에서 고대 한국의 역사를 좀 더 멀리 바라보자. 그러면 미륵불을 자처한 교조가 국가를 직접 통치한 경우까지 재발견할 수 있다. 태봉의 궁예 왕이 그러했다. 그는 901년(신라 효공왕 5) 무렵 미륵불을 자칭했다. 엄청난 칭호에 걸맞게 왕은 외관도 특별한 모양으로 꾸몄다. 머리에는 금빛 모자를 쓰고 몸에는 승복을 걸쳤다. 궁성 밖으로 외출할 때마다 흰 말을 탔으며, 무늬가 있는 아름다운 비단으로 말의 갈기와 꼬리를 장식했다.

또한 사내아이와 계집아이에게 일산을 받쳐 들게 하고, 향과 꽃을 가지고 앞에서 왕의 행렬을 인도하게 했다. 그 밖에 비구 200여 명에게 명하여 부처의 덕을 찬양하는 노래를 부르며 왕의 뒤를 따르게 했다. 왕의 화려한 행렬은 《미륵하생경》에 예고

된 용화세계가 이미 지상에서 실현되고 있다는 점을 상징했다.

확실하진 않지만 궁예 왕이 경문經文 20여 권을 지었다는 역사 기록도 있다. 그것은 신종교의 교리서이자 예언서였던 것 같은데, 불교의 가르침과는 어긋나는 대목이 매우 많았다. 이를 참다못해 석총釋聰이란 승려가 "이것은 모두 이단의 주장이며 괴이한 말이므로 가르쳐선 안 된다"라고 반발하자, 분노한 궁예 왕은 석총을 철퇴로 때려 죽였다(《삼국사기》 권 50).

결국 미륵불의 화신을 자처한 궁예 왕은 실정을 거듭하다 부하인 왕건 장군에게 밀려났다. 이와 더불어 그가 창립한 신종 미륵불교도 역사의 무대에서 사라졌다. 그럼에도 이후 한국 역사에는 수많은 자칭 미륵불이 출현했고, 그때마다 이상세계를 약속하는 예언서가 큰 역할을 했다.

조선 후기에도 자칭 미륵불의 전통이 이어졌다. 1688년(숙종 14) 8월, 승려 여환如幻이 관련된 변란 사건이 주목된다. 여환의 주 무대는 경기도와 황해도의 몇몇 고을이었다. 여환은 경기도 양주목 청송면에 본거지를 두고 여러 곳을 오가며 신도를 포섭했다. 그는 자신을 '신령神靈'이라 일컫기도 하고, '수중노인水中老人'이나 '미륵삼존彌勒三尊', 또는 '천불산 선인仙人'이라고도 했다. 다양한 칭호에서 보듯 여환의 신종교는 불교, 특히 미륵 하생신앙에 기원을 두면서도 이미 여타 종교의 영역으로 침투

해갔다. 샤머니즘과 도교적인 면이 섞여 있었음이 여실하다.

본래 강원도 통천의 승려였던 여환은 "석가모니의 운수가 끝났으니 이제 미륵이 세상을 주관한다"라며 미륵세상을 선포했다. 그는 미륵부처로서 천지조화를 마음대로 부린다고 주장했다. 여환은 지관 황회黃繪, 평민 정원태鄭元泰 등을 동원해 많은 신도를 끌어 모았다.

여환은 자신의 높은 위상을 선전하기 위해 "일찍이 칠성님이 강원도 김화 천불산에 강림하여 내게 세 가지 국麴(누룩)을 주었는데, 국은 국國과 이 서로 같으니 짐작해 보라"라고 말했다. 자기가 바로 새 왕조의 임금, 곧《정감록》에 기록된 진인과 다름없는 존재라는 뜻이었다. 그런데 그때는 아직《정감록》이 출현하기 전이었기 때문에, 논리적 귀결에 따라 여환이야말로《정감록》에 구세주로 언급된 진인의 선구였다고 볼 수 있다.

자칭 미륵불이었던 여환은 직접 예언서를 만들기도 했다. 그 중에는 이런 구절도 있다.

7월에 큰비가 퍼붓듯 쏟아지리라. 그러면 큰 산도 무너지고 서울도 재난을 입어 쑥대밭이 되리라. 그러면 그해 8월이나 10월에 군사를 일으켜 서울로 쳐들어가라. 대궐 한가운데 보좌를 차지하리라.

현재 남아 있는 《정감록》에 이와 같은 구절은 없다. 그러나 유사한 구절은 얼마든지 있다. 따지고 보면 여환이 지은 예언서는 《정감록》의 가까운 조상이라 할 수 있다. 흥미롭게도 이 같은 예언은 당대 중국의 백련교 사건에서도 등장한다. 여환과 청나라 때 백련교도의 직접적인 교류를 입증하기는 어렵지만, 그들 사이에 모종의 교류가 있었을 개연성은 적지 않다.

여환이 결정적인 해라고 말한 1688년(숙종 18, 무진) 7월 15일, 그는 참모를 비롯해 양주와 영평의 광신도들을 거느리고 서울에 잠입했다. 그러나 기다리던 큰비는 오지 않았고 쿠데타는 불발했다. 여환을 비롯한 신도 50여 명이 체포되었으며, 당국의 엄한 취조 끝에 열한 명이 사형에 처해졌다(《숙종실록》 14년 8월 1일 신축).

여환의 사건이 진압된 후에도 자칭 미륵불은 계속 등장했다. 민중과 미륵불 그리고 예언서는 여전히 불가분의 관계였다. 1894년(고종 31) 동학농민혁명 때도 전라북도 고창의 선운사 동불암의 미륵불 배꼽에서 비장의 예언서가 나왔다고 한다. 그 사건을 주도한 손화중의 인기는 더욱 높아져서 그는 삽시간에 전라도 제일의 대접주로 떠올랐다.

결국 고려 때 이금이 주장한 미륵불의 화신은 《정감록》이 예언한 진인의 선구였다고 할 수 있겠다. 세월이 흘러 19세기 말

미륵보살이 깨어난 세계

손화중의 경우에서 보듯이 미륵불은 진인의 별명이 되었다. 분명한 사실은 4세기 이후 미륵불은 한국 사회에서 새로운 세상을 약속하는 영원한 상징이었다는 점이다.

　여러 가지 역사적 사건을 분석해 보면 한 가지 사실이 명확해진다. 미륵불의 출현은 현세의 정치·경제·사회적 갈등의 완전한 해소를 의미한다. 그것은 모든 인간의 기대가 전면적으로, 그리고 지속적으로 충족되는 온전한 새 세상에 대한 열망의 표현이었다.

변산,
미륵신앙의
진원지

전라북도 부안에는 내소사來蘇寺라는 사찰이 있다. 백제 때 창
건된 이 절의 본래 이름은 '소래사蘇來寺'였다고 한다. 보물 제
291호인 대웅보전과 보물 제277호인 고려 동종, 보물 제278호
인 법화경절본사본法華經折本寫本 등 문화재가 많다. 내소사 경
내의 전나무 숲은 울창하기가 전국 최고인 데다가, 이 절의 저
녁 종소리는 변산 8경의 하나로 친다.

　중요한 점은 이 절이 자리한 변산(능가산)이 미륵하생신앙의
진원지라는 사실이다. 신라의 승려 진표율사眞表律師와 더불어
부안에서 시작된 미륵하생신앙은 우리 역사를 바꾸는 추동력으
로 작용할 때가 많았다.

　조선 중기의 이름난 예언가로 남사고南師古란 이가 있다. 그
는 《남격암산수십승보길지지南格菴山水十勝保吉之地》(이하 《남격

여기 들어오는 모든 이가 미륵 세상에서 소생하기를

전라북도 부안군에 위치한 내소사

미륵하생신앙의 발상지인 내소사를 처음 지은 스님은 "여기에 들어오는 모든 이 소생하게 하소서"라는 원력을 세우고 부처님께 간절히 기도했다고 한다. '내소來蘇'는 '다음 세상에 다시 태어나다'라는 뜻이며, 불교에서 '다음 세상'이란 평화로움이 가득 찬 미륵 세상이다.

암》)를 비롯해 여러 종류의 예언서를 남겼다고 한다. 엄밀한 의미로는 저작 여부가 불투명하지만, 세상에는 그렇게 알려져 있다. 그런데 《남격암》을 들춰 보면 "(십승지의 하나로) 부안에 호암이 있는데, 그 아래 변산邊山 동쪽은 몸을 숨기기에 정말 적합하구나"라는 구절이 눈길을 끈다.

부안은 김제 만경평야의 서남쪽 끝에 있다. 그곳은 곡창지대이면서도 서해바다에 연해 있다. 부안 출신의 한학자 한 분은 예부터 '생거부안生居扶安'이란 말이 있다고 자랑했다. 농수산물이 풍족할 뿐만 아니라, 변산이란 명산이 있어 부안은 무척 살기 좋은 고장이라는 주장이다.

잠시 역사의 기억을 더듬어 보자. 송기숙의 대하소설 《녹두장군》의 첫 무대는 백산이란 지역이다. 지금은 부안군에 속하는데, 1894년(고종 31) 동학농민군의 함성이 드높았던 곳이다. 그때 농민군이 모두 흰 옷에 죽창을 들고 있어 앉으면 죽산, 서면 백산이라고 했다는 유명한 말이 생겼다. 이런 역사적 격랑의 한복판에 길지라는 호암과 변산이 동시에 자리하고 있다. 선뜻 납득되지 않는 일이다.

이중환李重煥은 일찍이 《택리지擇里志》에서 그 지방의 지리적 특징을 다음과 같이 말했다.

미륵보살이 깨어난 세계

노령蘆嶺의 한 줄기가 북쪽으로 뻗어, 부안에 이르러 서해 가운데로 파고들어 간다. 서·남·북 3면은 모두 바다다. 이곳은 많은 봉우리와 허다한 골짜기로 되어 있는데, 사람들이 변산이라 부른다.

과연 맞는 설명이다. 3면이 바다에 닿아 있어서 '변산'인 것이다. 이중환의 설명대로 봉우리와 골짜기가 유난히 깊고 또 많아서 난을 피해 숨어 지내기에 좋은 여건이다. 그런데 역사적으로 살펴보면 바로 그러한 지리적 특징을 이용하여 산적 무리가 변산을 근거지로 삼아 활동했다는 기록도 있다.

변산 일대에 관한 이중환의 설명이 사실에 부합하지 않는 점도 있다. 지도를 자세히 검토해 보면 알 수 있듯, 변산의 맷부리는 노령에 직접 연결되어 있지 않다. 그런 이유에서겠지만, 백두대간의 계보를 자세히 적은 신경준申景濬의 《산경표山經表》에는 변산이 보이지 않는다. 그 밖에 다른 고지도를 보아도 변산은 홀로 떨어진 외로운 산임에 틀림없다. 장난스럽게 말하자면 백두대간의 서자인 셈이다.

《정감록》의 길지 가운데는 변산과 처지가 비슷한 곳이 거의 없다. 길지의 대부분은 태백산과 소백산 줄기에 확실하게 능선이 닿은 적자다. 그런 점에서 산줄기가 직접 닿지도 않은 변산반도의 호암이 십승지에 포함된 것은 쉽게 이해할 수 없는 일이다.

무슨 특별한 사정이 있어 길지로 거론된 것일까? 여태껏 누구도 이 문제를 직접 거론한 적이 없어 답을 찾아내기가 쉽지 않다. 변산의 지리와 역사를 세밀하게 조사해야 할 필요가 있다.

부안읍의 한 지관의 말에 따르면 변산은 일단 길지에 필요한 조건을 어느 정도 갖춘 듯했다. 변산의 산세는 용맥龍脈이 강이나 바다를 바로 앞에 두고 갑자기 멈춰선 경우에 해당한다. 이른바 산진처山盡處의 명당이란 것이다. 지관은 서남해안 일대에는 그런 명당이 몇 군데 더 있다며, 가야산과 팔령산 그리고 태안반도를 예로 들었다. 그러나 그 가운데 십승지로 손꼽히는 곳은 명찰 해인사가 있는 가야산뿐이다. 가야산은 산세가 웅장할 뿐만 아니라, 한반도 남부에서 으뜸가는 성산聖山인 지리산과 맥을 같이한다. 그 산세가 변산과 비할 바는 아니다. 지관은 변산의 지세를 알기 쉽게 설명해 주었다.

변산의 청룡, 즉 동쪽 산세는 사창재, 노승봉(상여봉), 바드재를 건너 옥녀봉으로 이어지다가 잠시 남서쪽으로 흐르지요. 그러다가 내소사의 주산인 세봉을 건너서 월명암의 주산인 쌍선봉으로 반원을 그리며 내뻗어요. 그게 학치, 청림리 삼예봉에서 끝나지요. 변산의 백호, 즉 서쪽 산세는 개암사의 주산인 우금산에서 우슬재를 거쳐 의상봉으로 이어진다고 봐야지요. 이 두 흐름을 갈라놓은

미륵보살이 깨어난 세계

것이 그 옛날 백천이었어요. 지금은 그것이 부안호가 되어 없어졌어요. 백천의 물길은 본래 우슬재에서 시작됐거든요. 백천도 그렇지만 변산의 청룡과 백호가 그려낸 형상은 결국 산도 태극, 물도 태극이에요. 계룡산과 같다, 이런 말씀이지요.

물 태극, 산 태극은 계룡산이 길지임을 설명할 때 누구나 빠짐없이 꺼내는 말이다. 지관이 부안의 형세를 바로 그 태극으로 설명하는 것은 상당히 과장된 것이다. 그럼 《정감록》에 나오는 변산 동쪽의 길지는 구체적으로 어디일까?

아, 그것은 말이지요. 일단 내변산으로 통하는 입구인 우슬재나 바드재를 좀 잘 봐야 해요. 그저 그 길목만 잘 지키면 인근의 청림리와 중계리는 참 좋은 피난처가 돼요. 거 뭐더라, 《정감록》에 나오는 호암을 찾으려면 상서면 통정리에서 우슬재를 넘어가야 해요. 우슬재를 살짝 넘어가면 쇠뿔바위라고 나오지요. 그런데 이게 변산 최고봉인 의상봉의 오른쪽에 있어. 쇠뿔바위 동남쪽을 잘 살펴보면 산비탈에 실학자 반계 유형원이 우거하던 집이 지금도 있지. 몇 해 전에 복원되었어요.

그 산 아래 마을이 우동이야. 보안면 영전에서 30번 국도를 타고 곰소로 가다 보면 마주치는 동리인데, 원래 이름은 우반동이란 말이오. 이 마을서 북쪽을 올려다보면 옥녀봉이 있고 멀리 그 산 끝자락에 굴바위가 보인단 말이지요. 바위 입구가 틀림없는 호리병 모양이에요. 호암이라 이거지요!

우동은 앞이 시원하게 터진 듯하면서도 천마산이 막아주고 있어 삼태기형 명당이 분명하고요. 그러니까 뭐냐 하면, 난 우동이 바로 그《정감록》에서 말하는 길지다, 그렇게 봐요. 안 그렇겠어요?

그런데 역사적으로는 길지가 자리한다는 내변산이 외변산보다 훨씬 더 큰 수난을 겪었다. 대한제국 말이나 6·25전쟁 때도 그랬다. 그런데도 여전히 내변산의 우동을 길지라고 주장하는 이유는 무엇일까?

그거야 나는 잘 모르겠소! 누가 그걸 알겠어요? 그래도 옛말이 조금도 틀린 게 없어요. 우리가 사는 이 변산은 아주 옛날부터 미륵님이 나타나신 땅이고 관세음보살님의 성지지요. 원효, 진표, 진묵 등 큰스님도 많이 오셔서 도를 닦은 것만 봐도 이게 보통 땅이 아닌 것은 틀림없어요! 근세엔 증산교를 세운 강일순도, 원불교의 소태산도 다 여기 변산에서 도를 닦았단 말이죠. 그분들이 다 세상을 구하겠다고 나선 분들인데, 왜 다른 명당 다 놔두고 부안으로 왔겠어요?《정감록》에도 길지라고 나와 있단 말이에요. 미륵님이 현신

하신 곳이니까 이건 너무 당연한 일이라고 봐요.

지관의 설명을 듣는 순간 지금까지 궁금하게 여기던 문제가 한꺼번에 해결될 것 같은 느낌이 들었다. 변산은 과연 미륵신앙의 발상이요, 불교의 성지였다. 왜 그 점을 깊이 생각하지 못했을까?

봉우리와
골짜기마다 자리한
성지

———

변산은 제법 큰 산이어서 변산면·하서면·상서면·진서면에 걸쳐 있다. 그런데 최고봉이라는 의상봉 마천대(508미터)도 실은 야트막한 편이라 웅장한 느낌은 별로 없다. 이곳 사람은 서해안을 따라 겹겹이 포개진 산봉우리를 외변산이라 하고, 내륙으로 뻗은 골짜기와 봉우리를 내변산이라 한다.

외변산에는 격포리 해안의 채석강과 적벽강이 특히 유명하다. 이 두 곳의 명칭은 강이지만 실제로는 해안의 바위벽이다. 채석강이니 하는 이름은 시선詩仙 이태백李太白과 대문장가 소동파蘇東坡가 노닐던 중국의 지명을 본뜬 것이다. 그만큼 경관이 수려하다는 뜻이다.

변산의 해안 풍경이 그처럼 절경이라 해도 정작 변산을 전국적인 길지로 만든 것은 산속에 위치한 옛 사찰이다. 외변산에 해당하는 상서면 감교리의 개암사開岩寺는 634년(백제 무왕 35)에 묘련왕사가 창건했다 한다. 그곳에 자리한 보물 제292호 대웅전이 참으로 볼 만하다. 개암사에 딸린 원효방이란 암자는 신라 때 명승 원효元曉가 수행한 곳이라 전한다.

내변산은 나지막한 능선을 따라 깊은 계곡이 여럿 있고, 나무 또한 울창해 풍광이 곱다. 그중에서도 산내면 중계리에는 신라 때 창건되었다는 월명암月明庵이 있다. 변산의 제2봉인 쌍선봉(498미터) 중턱에 자리한 월명암에서 바라보는 아침 바다의 물안개도 변산 8경의 하나다. 암자 뒤편의 낙조대(448미터)에서 서해로 떨어지는 해를 바라보는 것도 역시 변산 8경으로 손꼽는다.

월명암은 종교 성지로 의미가 크다. 관음보살을 모신 이 곳은 대둔산 태고사, 백암산 운문암과 더불어 호남의 3대 영지라 불린다. 이 암자는 692년(신라 신문왕 12) 부설거사浮雪居士가 창건했으며 그 뒤 임진왜란 때 불타 없어진 것을 진묵대사震默大師가 중건했다. 대한제국 말엔 의병이 월명암을 근거지로 삼아 일본군과 싸웠는데, 전투에 지는 바람에 1908년(순종 1)에 다시 잿더미가 되었다. 그 후에도 월명암은 몇 차례 심한 몸살을 겪었다. 지금 월명암 옛터에는 대웅전을 건립하는 공사가 진행 중이다.

월명암을 개창한 부설거사는 매우 특이한 인물이었다. 그의 행적은《부설전》이란 고소설에 상세히 나온다. 경주에서 출생한 부설은 법우法友인 영조·영희와 함께 구도의 길을 떠나 변산(능가산)에 들어가 묘적암을 세우고 오직 수도에만 몰두했다. 뒷날 그들은 문수보살을 친견하기 위해 오대산으로 길을 떠나는데, 전라북도 정읍군 칠보면 부설원에 이르렀을 때 부설거사는 삼생三生 연분이 있는 묘화妙花를 만난다. 두 사람은 반드시 부부가 되어야 할 운명이었다. 환속한 부설거사는 아들 등운登雲과 월명月明이란 딸을 두었는데, 말년에 이르러 변산에 등운암과 월명암이란 두 암자를 지어 아들과 딸에게 각기 하나씩 맡겼다.

표면상으로 보면 부설거사와 묘화 부부는 속인에 불과했다. 하지만 그들은 일평생 남몰래 수도에 정진해 도력이 출중했다. 부설거사보다 한 수 낮았다는 묘화만 해도 환한 대낮에 조화를 부려 비나 눈을 내리게 할 정도였다고 한다. 때로 묘화는 빗방울이나 눈송이를 단 하나도 땅바닥에 떨어지지 않게 했다고 전한다.

월명암을 중건한 진묵대사도 많은 이적을 남겼다. 진묵은 조선 중기 호남의 대표적인 선승禪僧이었는데, 어느 날 탁발을 나갔다가 매운탕 한 솥을 얻어 마셨다. 그 후 진묵은 물가에 가서 먹은 것을 토해냈는데 탕 속에 들어 있던 죽은 물고기가 전부 살아났다는 전설이 있다.

20세기 초에는 백학명白鶴鳴과 같은 고승이 월명암에 주석했

미륵보살이 깨어난 세계

다. 학명은 불교 개혁의 일환으로 선농禪農 일치를 몸소 실천했다. 그는 참선과 농사를 같은 것으로 파악해 의식주를 스스로 해결한 것으로 유명하다.

원불교를 개창한 소태산少太山 박중빈朴重彬도 세상을 구제할 계획을 구체화하기 위해 월명암을 찾았다. 1919년(순종(부록) 12) 소태산은 학명과 더불어 동안거를 했다. 이때 학명의 거처는 법당이었고 소태산은 그 옆방을 사용했다. 원불교의 2대 교조인 정산종사鼎山宗師도 한때 학명의 상좌 노릇을 했다. 그뿐 아니라 증산교를 창설한 강일순姜一淳 역시 월명암을 찾았다. 강증산과 소태산은 모두 새 세상을 열기 위해 부심했다고 한다.

《부설전》에는 월명암에서 모두 4성인, 8현자, 12법사가 나온다고 했다. 월명암에서는 부설거사 가족 네 명을 성인으로 간주한다. 옛날 이 암자에 주석했던 성암·행암·학명 스님은 3현이라 일컫는다. 그렇다면 앞으로도 5현과 12법사가 더 나온다는 뜻인데, 과연 그대로 될지 지켜볼 일이다.

월명암은 18세기 정조 때 일어난 《정감록》 역모사건과도 무관하지 않다. 그때도 새로운 세상의 도래를 열망하는 많은 승려와 속인이 이 암자에 큰 기대를 걸었다.

한편 변산에는 앞에서 말한 사찰보다 역사적으로 훨씬 중요해 보이는 암자 하나가 있다. 의상봉 꼭대기 있었다고 하는 불사의방不思議房이다. 이곳이야말로 미륵하생신앙의 진원지다. 장차 미륵이 이 세상에 내려와 수많은 사람을 불교적 이상세계로 인도할 것이라는 하생신앙이 처음 뿌리를 내린 곳이다. 따지고 보면 《정감록》에 약속된 새 세상은 미륵세상의 다른 이름이기도 하다. 그런 점에서 미륵하생신앙은 정감록 신앙의 뿌리라고 해도 틀린 말이 아니다.

불사의방에서 미륵신앙을 체험한 승려는 신라의 진표율사였다. 그는 760년(신라 경덕왕 19)부터 거기서 3년 동안 3업(身·口·意業, 몸뚱이·언어·의지의 작용)을 닦았다. 아울러 망신참법亡身懺法(몸을 희생시키는 참회법)에도 힘써 5륜(두 무릎, 두 손, 머리의 5체體)을 바위에 마구 부딪쳐 무릎과 손이 깨져 피가 비 오듯 했다고 한다. 진표의 극진한 기도에 감동한 지장보살은 진표에게 모습을 드러내 정계淨戒를 내렸다.

그러나 진표는 그 정도로 만족하지 않고 부근의 영산사靈山寺로 수행 장소를 옮겨 더욱 정진했다. 미륵보살을 친견하는 것이 그의 소망이었다. 마침내 미륵보살이 진표 앞에 나타나 그의 신심을 칭찬하고 《점찰경占察經》 두 권과 증과간자證果簡子(수행으로 얻은 과果와 점치는 대쪽) 189개를 주었다. 진표는 미륵보살의 수기授記를 받은 셈이었다.

762년(경덕왕 21)에 진표는 신도를 이끌고 전라북도 김제 금산

미륵보살이 깨어난 세계

사에서 16척이나 되는 거대한 미륵보살을 조성하기 시작했다. 2년 뒤 마침내 미륵상은 완성되었다. 그때부터 오늘날까지 금산사는 한국 미륵하생신앙의 중심지로 기능해 왔다. 진표 설화에서 가장 뜻깊은 사실은 변산에서 그의 미륵하생신앙이 시작되었다는 점이다. 그 후 미륵신앙은 1000년도 넘게 무수히 많은 사람에게 희망을 주었다. 특히 난세에 고통받는 민중에게 미륵하생의 시점이 다가왔다는 소식을 전하며 큰 위로와 격려를 선사했다.

이렇게 살펴보았듯 호암과 변산이 《남격암》을 비롯한 여러 예언서에서 길지 중의 길지로 손꼽히게 된 이유는 어디에도 구체적인 설명이 없다. 하지만 그 이유는 명확하다. 그것은 풍수지리상의 이점 때문이 아니다. 미륵보살을 비롯한 여러 불보살과의 깊은 인연 때문에 선택된 것으로 보아야 한다. 호암과 변산처럼 민중의 불심을 유달리 고무하고 격려하는 공간은 바로 그러한 종교문화적인 이유 때문에 새로운 세상의 열림, 즉 후천개벽後天開闢을 기다리는 사람에게 성스러운 길지로 대접받았을 것이다. 이처럼 미륵하생신앙은 《정감록》을 비롯한 조선 후기 예언서의 근간을 형성하는 역할을 담당했다.

오랜 세월
민중에 뿌리내린
믿음

———

한국의 미륵신앙은 역사적 변천을 거듭했다. 물론 교리적인 면에서 보면 어느 정도 고정불변의 성격을 가지고 있었지만 신앙적으로는 시대 변화에 따라 복잡성을 더했다. 그리하여 조선 후기에 이르면 미륵신앙은 도교 및 샤머니즘과 융화되어 단순히 불교적인 것으로 취급할 수 없게 되었다. 19세기 후반부터는 여러 신종교의 사상적 토대로서 한국 사회를 혁신하기 위한 기폭제로 작용했다. 미륵하생신앙이 동학을 비롯해 증산교와 원불교의 후천개벽운동에 중요한 전기를 마련했다는 점은 특기할 만한 일이다.

또 하나, 미륵하생신앙은 조선 후기에 유행한 각종 예언서에도 큰 영향을 끼쳤다. 일반적으로 우리는 《정감록》 등의 예언서에 기록된 십승지의 선정 기준을 풍수지리설에서만 찾는 경향이 있다. 그러나 그 점을 더욱 세밀하게 검토해 보면 다른 결론에 도달하게 된다. 선정 기준 가운데 미륵하생신앙도 포함되어 있음을 알게 되는 것이다. 미륵신앙이 1000년도 넘는 오랜 세월 동안 민중의 사랑을 받으며 생명력을 유지했다는 점에서 당연한 일이 아닐까.

미륵하생신앙이 추구한 이상세계의 모습에 관한 연구는 앞으로도 많은 과제를 안고 있다. 처음에 이미 강조했듯이, 동아시아의 종교문화적 맥락을 보다 정밀하게 살펴볼 필요가 있다. 아울러 민간신앙과 각종 예언서 및 신종교 단체의 경전과 신앙 활동을 보다 정치하게 검토해야 한다. 이를테면 미륵하생신앙의 종합 지형도를 작성하는 시도도 바람직할 것이다. 또한 이러한 일련의 연구를 바탕으로 미륵하생의 이상세계, 곧 용화세상이 다른 사상이나 종교와는 어떤 방식으로 작용, 반작용의 관계를 형성했는지를 검토할 필요도 있다.

다산이
다스린
사회

송찬섭

곡산, 첫 번째
목민의 장

상하 관리와의
올바른 관계 정립

목민의 기본, 지역
실정 파악

7

엄정하고 합리적인
부세 운영

민의 부담을
줄이는 노동

사회적 약자까지
끌어안은 정책

목민, 이상이
아닌 실천이다

동양 사회에서 태평성대의 대명사는 요순시대다. 흔히 요순은 '무위이치無爲而治'를 이룬 군주라고 생각하기 쉽다. 요임금 때 한 노인이 땅을 두드리며 불렀다는 〈격양가〉를 보면 "해가 뜨면 일하고 해가 지면 쉬고, 우물 파서 물 마시고 밭을 갈아 밥 먹으니, 임금의 힘이 내게 무슨 상관이리오?"라고 노래한다.

조선시대에도 요순에 대한 이런 인식이 일반적이었던 모양이다. 《경세유표經世遺表》 서문에서 다산은 세속에서 "요순은 모두 팔짱을 끼고 공손한 모습으로 아무런 말 없이 띳집에 단정히 앉아 있어도 그 덕화를 전파하는 것이 마치 향기로운 바람이 사람을 감싸는 것과 같았다"라고 일컫는다고 했다. 당시 조선 사람들은 요순과 같은 인물이 존재하는 것만으로도 세상은 태평성대를 이룬다고 인식한 듯하다.

그러나 국가가 생기고 기구와 제도와 법률이 만들어지는데 이와 같은 무위이치는 있을 수 없다. 오히려 태평성대가 되려면 통치자가 더 부지런히 일을 해야 한다. 그래서 다산은 "천하에 요순보다 더 부지런한 사람이 없었건마는 하는 일이 없었다고 속이고, 천하에 요순보다 더 정밀한 사람이 없었건마는 엉성하고 오활하다고 속인다. 그래서 임금이 언제나 일을 하고자 하면 반드시 요순을 생각하여 스스로 중지하도록 한다. 이것이 천하가 나날이 부패해져서 새로워지지 못하는 까닭이다"라고 비판한다.

실제 《서경》 속의 요순시대를 보면 요임금은 백성을 느긋하고 훤하게(平章) 만들었고, 모든 나라를 어우러지게(協和) 했으며, 하늘의 운행을 살펴 때를 알려 주었고(敬授人時), 인재를 등용했으며, 순임금을 찾아내 선양했다. 순임금은 더 많은 일을 한 것 같다. 천문을 살펴 해와 달과 별의 운행을 파악했고, 여러 신하와 목민관을 만나 공과를 살폈으며, 전국을 순수하고, 형벌을 만들었으며, 분야별 전문가를 발탁해 활용했다. 이것만으로도 무위이치와는 거리가 멀다.

다산 정약용의 목민도 마찬가지였다. 다산의 〈원목原牧〉에는 한가로운 마을에서 분쟁이 일어났을 때 공정하게 판결하는 노인을 이정里政으로 추대했는데, 그것이 더 넓혀져서 당정黨政

→ 주장州長 → 국군國君 → 방백方伯 → 황왕皇王으로 통치 체계가 만들어졌다고 보았다. 이렇게 통치 구조를 촘촘하게 만들어 나간 것을 보았을 때, 통치에는 상당한 노력이 필요함을 알 수 있다. 실제 이정은 백성의 희망을 좇아 법안을 당정에게 올리고, 당정은 민의 여망을 좇아 법을 제정하여 주장에게 올렸다. 역시 주장은 이를 국군에게 올렸으며, 국군은 다시 황왕에게 올렸다. 이러한 절차에 따라 민을 편안하게 하는 법을 만들고 통치해 나갔다.

다산의 또 다른 중요한 글인 〈원정原政〉을 보면 이러한 사실은 더욱 분명해진다. 여기에는 수많은 정책이 나온다. 토지를 개량하고 민에게 고루 나누어줄 것, 배와 수레를 만들고 도량형을 바루어서 지역마다 생산력의 불균등을 바로잡을 것, 민 사이에 격차가 벌어지지 않도록 상벌로 바로잡을 것, 나아가 정치적 권리와 인간의 노동을 균등하게 할 것, 붕당을 없애고 공도를 넓혀서 인재의 현우賢愚를 구분할 것, 수리를 일으켜 장마와 가뭄을 다스릴 것, 임정林政·축정畜政·염정鹽政·의정醫政의 완비책 등을 열거했다. 이 같은 체계적인 국가 운영을 제대로 시행하려면 대단한 노력이 필요할 수밖에 없다.

지방관은 한 고을의 주인이지만 민과 사직을 맡은 만큼 규모는 차이가 있더라도 책무의 중요성은 왕과 다를 바 없다. 그

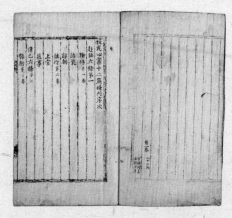

《목민심서》, 국립민속박물관 소장

러나 실제 조선 사회에서는 지방관의 역할에 대한 규정이 매우 부족했다. 고려 말에 비로소 오사五事를 기준으로 수령의 업무를 규정·평가했고, 조선에서는 그 기준을 칠사七事로 늘리는 정도여서 수령이 해야 할 일은 아주 개략적인 것밖에 없었다. 다산이 보기에 수령은 관장하지 않는 것이 없으니 여러 조목을 열거해도 오히려 직책을 다하지 못할까 두려운 직책이었다. 그런데 이처럼 몇 개 규정만을 만들고는 나머지는 수령이 스스로 찾아서 실행하기를 기대하기는 어렵다고 판단했다. 따라서 다산은 《목민심서牧民心書》에 수령이 제 직분을 다할 수 있도록 60조에 달하는 규정을 상세하게 만들어 기록했다. 이처럼 다산이 생각하는 목민은 체계적인 통치 구조와 매우 근면한 통치자

여야만 가능한 것이었다.

다산은 목민을 매우 중요하게 생각했으며, 이는《목민심서》
에 잘 정리되어 있다. 그런데《목민심서》의 내용은 과연 실천
가능한 수준일까, 아니면 다산의 '이상'을 모은 것에 불과할까?
《목민심서》는 19세기 초반 시점에서 그가 중국과 조선의 역대
목민에 관한 자료를 종합 정리하여 그 통치 기술을 담았다고
평가되는 책이다. 그렇다면 다산 자신이 직접 목민관이었을 때
는 어느 정도 수준이었는지 비교할 필요가 있다. 따라서 다산이
18세기 말 곡산부사로 있던 시절 그의 '목민 활동'은 과연 어떠
했는지 살펴보고 평가하고자 한다.[1]

곡산,
첫 번째
목민의 장

────────

다산은 직접 목민관을 맡기 이전부터 목민에 대해 어느 정도 학습한 상태였다. 어렸을 때 부친 정재원丁載遠의 부임지를 몇 군데 따라다닌 것이 크게 도움이 되었다. 다산의 부친은 경기도 연천현감, 전라남도 화순현감, 경상북도 예천군수, 울산도호부사, 진주목사 등을 지냈는데, 다산은 이 가운데 화순, 예천, 진주 등지를 따라다니거나 방문했다. 그 자신이 '목민'을 한 것은 아니었지만 부친 가까이서 듣고 보고 크게 깨달은 바가 있었다.

그래서인지 다산은 당시 관리 가운데 누구보다도 목민관의 경험을 중요시했다. 다산이 관직 초년 시절인 1790년(정조 14) 친구 윤지눌尹持訥이 상원군수로 나간 적이 있었다. 중앙에서 청직淸職만 계속 맡았던 윤지눌이 비판 세력의 공격을 받게 되자 정조가 일부러 밖으로 내보낸 것이다. 그를 아끼는 모든 사람이 이를 애석하게 여겼으나 다산만은 축하했다고 한다. 그는 아우에게 우애할 줄 모르는 사람은 어버이를 효성으로 섬기지 못하고, 백성을 다스릴 줄 모르는 사람은 왕을 충성으로 섬기지 못한다고 생각했기 때문이다. 또한 우리나라는 문학을 숭상하는 반면 민에 대한 염려는 주밀하지 못하다고 하면서 뛰어난 명망을 가진 자를 청직에만 두고 수령으로 잘 내보내지 않는 제도를 강력히 비판했다.

그러다가 다산 자신이 지방관이 되면서 목민의 구상을 실현할 수 있는 폭이 넓어졌다. 1795년(정조 19)에 금정찰방으로 잠깐 내려갔지만 몇 개월 만에 올라왔던 그는 1797년(정조 21) 황해도 곡산부사가 되었다. 앞서 윤지눌의 사례처럼 다산은 이를 좋은 기회로 생각했을 것이다. 특히 처음으로 북부 지역을 경험하게 된 것은 그의 시야를 넓히는 계기가 되었을 듯하다.

먼저 다산이 곡산부사가 되는 과정을 살펴보자. 정조는 평소 아끼던 다산을 항상 곁에 두고 싶어 했지만 다산은 서학에 관련되었다는 혐의로 반대파의 공격을 계속 받았다. 다산은 1795년(정조 19) 7월에 주문모 사건이 일어나자 곧바로 금정찰방으로 좌천되었는데, 이때는 같은 해 12월 왕의 부름을 받고 곧바로 올라왔다. 그러나 1797년(정조 21) 다산이 승정원에 들어가자 다시 공격이 심해져서 6월에 그는 동부승지를 사임하는 상소

목민을 시행한 첫 번째 지역, 황해도

《해좌승람海左勝覽》에 수록된 황해도 지도. 정약용이 첫 부사로 발령받은
곡산은 지도의 우측 상단에 위치한다. 영남대학교 박물관 소장

이 무렵 다산과 함께 황해도 여러 곳에서 수령이 바뀌었다. 윤6월에 서흥부사
이서영은 임성운으로, 평산부사 유광천은 이경명으로, 연안부사 조정현은 심
후지로, 신천군수 이유는 김용순으로, 수안군수 김기승은 남속으로, 강령현감
정동관은 정종로로, 그리고 몇 개월 뒤인 10월에는 신계현령 김건주는 박성규
로 바뀌었다. 또 이 가운데 수안, 신계, 서흥, 평산 등은 곡산과 바로 인접한 고
을이었다. 어쩌면 정조는 다산을 중심으로 황해도 일대의 '목민'을 기대했을 수
도 있다.

를 올렸다. 정조는 어쩔 수 없이 그를 보호하기 위해 외지로 보냈다. 마침 이 무렵 곡산부사 이지영이 교체되었는데, 이곳으로 다산을 보내 몇 년 외직에 근무하도록 하여 비방을 식히려 한 것이다.

정조는 다산을 외직으로 내보낼 수밖에 없는 아쉬움이 있었지만 그 나름대로 의미를 두었던 것 같다. 지방 통치에 대한 관심을 더 기울일 수 있었기 때문이다. 정조는 다산에게 특별히 목민관으로서 임무를 잘하도록 다음과 같이 당부했다. "중비中批로서 임명된 자는 더더욱 삼가고 두려워해야 되리니 전관銓官에게 죄를 돌릴 수가 없기 때문이다. 가서 잘하여 나에게 부끄러움을 주지 않도록 하라." 실제로 정조는 이조에서 세 번이나 다른 사람을 천거했지만 다산을 선택했다. 어쩌면 정조가 다산을 보호하려는 뜻을 더 확실하게 반영하기 위해서라도 바른 목민을 기대한 듯하다.

실제로 다산은 황해도에서 한 고을의 통치를 맡는 것에만 그치지 않았다. 정조는 그에게 여러 임무를 주었다. 가령 1799년(정조 23) 2월에는 황주 영위사로 황주에 50일간 머물렀고, 그와 동시에 호조참판의 임시 직함을 받아서 청나라 고종의 부음으로 칙사가 오자 우리 측 접빈사로서 수령의 잘잘못이나 사신 접대로 인한 폐단을 염찰했다. 3월에는 황해도 암행어사를 맡기도

했다. 또한 황해도 옥사 두 건을 처리하기 위해 감사 이의준이 다산을 차출하여 조사를 맡기기도 했다.

이렇듯 다산은 고을 수령 이상의 임무를 여러 차례 수행했다. 정조는 또한 황해도의 미결된 옥사를 해결하기 위해 4월에는 다산에게 형조참의를 제수한 적도 있었다. 다산이 곡산부사를 그만두고 올라왔을 때도 왕은 '해서지칙海西支勅'을 정리하라고 명을 내려 다산은 〈해서지칙정례보설海西支勅定例補說〉 26조를 작성했고, 〈초도둔우계椒島屯牛啓〉를 올리기도 했다. 어쩔 수 없어 외임으로 내보냈지만 정조는 다산이 파악할 지역 사정에 대한 기대가 컸던 것으로 보인다.

다산이 목민의 세월을 보냈던 곡산은 황해도 동북쪽의 산으로 둘러싸인 험지였다. 서울에서 434리 떨어진 북부 지역으로 사족의 기반이 취약한 곳이었다. 18세기 말 《호구총수戶口總數》에 따르면 곡산은 12개 면 72개 리로 이루어졌고, 호구는 3733호 2만 6837구였다(그러나 《목민심서》에는 곡산을 만가萬家를 가진 고을이라고 하여 자연 호와는 차이가 있다). 지력이 척박해서 논은 30여 결에 지나지 않았고 밭은 3000결 정도였던 반면, 산지가 많은 탓에 화전은 5272일경日耕에 이르렀다. 도호부라는 지방 고을로서는 꽤 높은 등급인 것은 태조의 둘째 부인 신덕왕후 강씨의 탄생지이기 때문인 듯하다. 본래 919년(태조 2)에 곡산도호부로 승격되었으나 그 뒤 왕자의 난으로 신덕왕후 강씨의 소생들이 죽임을 당하고 태종이 즉위하면서 지주사知州事로 강등되었다가 1019년(현종 10) 다시 곡산도호부로 승격되었다.

그런데 윤6월 다산이 곡산 부임길 접경에 이르렀을 때 매우 의미 있는 사건이 일어났다. 전임 수령 때 군포 문제로 민란을 일으켰던 이계심李啓心이 폐막 10여 조를 들고 다산을 기다린 것이다. 다산의 수하들이 그를 체포하려 하자 다산은 이를 만류했다. 수령이 밝지 못하게 되는 이유는 민이 자기 몸을 위해서 폐막을 보고도 항의하지 않기 때문이라며, 오히려 이계심과 같은 사람은 관에서 마땅히 상을 주어야 한다고 격려하면서 보내주었다. 황해도 오영五營에 체포령이 내려진 죄인에게 벌이 아니라 상을 주어야 한다고 설파한 것이다. 이는 다산이 앞으로 곡산을 어떻게 통치할 것인지를 주민들에게 알린 '선언'으로 이해된다. 실제로 이 일 때문에 민의 원통함이 펴지고 화락해져서 고을 민들이 다산을 대단히 신뢰하게 되었다.

상하 관리와의
올바른 관계
정립

고을은 국가의 한 부분이며, 수령은 국왕의 명령을 받고 직접 고을을 통치하는 존재다. 그러나 실제로 중앙에는 고을의 부세와 관련 있는 관서가 여러 개 있었고, 지방에는 수령을 직접 통제하는 감사가 있었다. 이들은 관직이나 역할로 봐서 대체로 수령보다 상위의 존재였다. 다산은 이들 기관과의 사이에 문제가 있을 때 어떻게 처리했을까?

1798년(정조 22) 겨울 환곡 수납이 거의 끝났을 무렵 비변사 관서구관 유사당상이었던 정민시鄭民始가 곡산에서 좁쌀 700석을 돈으로 바꾸어 상납하도록 독촉했다. 그해는 풍년이라 쌀값 1곡이 200푼 정도여서 상정가 420푼에 비해 매우 낮았다. 따라서 상정가로 상납하려면 농민의 부담이 훨씬 클 수밖에 없었다. 다산은 이에 불응하여 현물로 수납하고 창고를 봉하고는 사표를 준비했다. 정민시는 기강을 내세우며 왕이 허락하고 감사가 발표한 일을 따르지 않는 수령, 다산에게 죄를 물어 징계할 것을 청했다. 이에 정조는 시장 가격이 싼데 비싸게 팔라는 부당한 명령에 따르지 않은 것은 옳다고 하면서 다산의 손을 들어주었다. 이처럼 다산은 상부의 명령보다 민의 혜택에 더 비중을 두었기에 과감하게 행동할 수 있었다. 또한 민에게서 미리 쌀을 거두어 납부함으로써 이 문제를 자신과 중앙 관서의 싸움으로 한정했다.

군영과의 관계도 부세와 관련이 있었다. 군영의 하속에 의한 토색을 막기 위해 다산은 직접 군영 대장과 병조의 군색랑(1군색, 2군색의 낭관)에게 약간의 선물과 함께 편지를 보내 아전을 단속하도록 요구했다. 그는 적절하지 않은 방식으로 수취하는 문제를 직접 병조나 군영과 맞서 해결하려고 했다. 다산은 곡산 시절 항상 이런 방법을 사용하여 중간 수탈을 막기 위해 철저하게 방비했다.

수령의 직계 상사인 감사와의 관계는 더욱 중요했다. 다산이 곡산에 재직할 때 황해감사는 이의준李義駿과 조윤대曺允大였다. 뒤에서 다룰 기록에서 보면 이의준과는 어느 정도 소통이 된 것 같으므로 서로 갈등을 많이 일으켰던 상대는 조윤대인 듯하다.

감사를 대하는 다산의 태도는 거의 일관되었다. 어느 날 다산이 1798년(정조 22) 곡산을 순시할 때 절경을 본 이야기를 했는데, 당시 감사 이의준이 자신도 이번 가을 순시 때는 그곳까지 행차하겠다고 했다. 그러자 다산은 그곳까지 가려면 산을 뚫어 길을 내고 골짜기를 건너질러 다리를 놓아야 할 텐데, 민을 수고롭게 하여 상관을 즐겁게 하는 것은 불가하다고 잘라 말해 감사를 실망하게 했다. 이런 태도를 본 감사는 다산이 일방적인 명령 하달의 대상이 아니라고 깨닫지 않았을까.

또 한번은 다산이 옥사의 검사관으로 감영이 있는 해주에 갔을 때 감사 이의준이 감영의 부용당에서 베푸는 잔치에 그를 초청한 적이 있었다. 다산은 초대에 응하며 감사가 수령의 잘잘못을 살필 때는 '부용당이 선화당보다 낫다'라고 말했다. 즉 수령이 감사의 집무처인 선화당에 올 때는 법도를 차려 모두 훌륭한 관리처럼 보이지만, 잔치 때는 행동이 자연스러워서 수령의 평소 모습을 적나라하게 잘 살펴볼 수 있다는 뜻이었다. 그러자 감사는 "감사의 일도 수령이 살피는데 나는 스스로 살피겠다"라고 답했다고 한다. 수령의 감시를 의식해서 스스로 규율을 가지겠다는 뜻으로 해석되는데, 이는 다산을 의식한 표현인 듯하다. 이처럼 다산은 상사에게는 원칙적인 대응으로 일관했는데, 정조의 신임과 그간 중앙 정계에서의 위상이 충분히 뒷받침되었기에 가능한 일이었다.

　대체로 수령은 감사의 명령을 받아 일을 수행해야 하지만 다산은 적절하지 않은 명령으로 민에게 피해를 입힐 소지가 있는 지시는 거부했다. 감사가 곡산에 관문을 보내 재령에 있는 장용영 둔전의 축언築堰에 연군烟軍 200명을 징발하라는 독촉을 거절한 것이 대표적인 사례다. 다산이 이를 따르지 않자, 감사는 다시 관문을 통해 장용영은 정조가 개설한 특별 기구임을 들어서 그를 윽박질렀다. 장용영의 둔전과 환곡을 설치할 때도 강제로 행한 경우가 많은 것으로 봐서 전에도 이런 일이 적잖이 생긴 듯하다. 이에 다산은 만약 장용영의 일로 민을 동원해서 원망을 산다면 오히려 성왕의 덕에 누를 끼치게 될 것이라고 거부했다. 순응하는 것보다 잘못된 일을 바로잡는 것이 성왕을 위한 길이라는 점을 명백히 한 것이다. 뒷날 《목민심서》에서 "상사가 높다 하더라도 민을 앞세워 다투면 굴하지 않는 이가 적다"라고 한 부분은 바로 이런 일에서 비롯되었다.

　이러한 경험 때문인지 감사에 대한 다산의 시각은 매우 비판적이었다. 가령 이 무렵에 쓴 〈산거방언山居放言〉이라는 글에서 "오늘날 감사의 순력은 천하의 큰 폐단이다. 이 폐단을 고치지 않는다면 부세와 요역이 번거롭고 무거워 민이 모두 못살게 될 것이다"라고 했다. 심지어 〈산거방언〉을 활용해 작성한 〈감사론監司論〉에서는 감사를 큰 도적이라고 강조하면서 큰 도적을 제거하지 않으면 백성이 다 죽을 것이라고 했다. '감사'를 주제로 한 글에서 이렇게 극언까지 한 것을 보면 아마도 다산은 그가 곡산 시절 직접 경험하거나 들은 감사의 행태가 여러 지역에서 거의 보편적이었다고 보는 듯하다. 또한 군역과 관련해서 황해 병마사에 맞서 군포계에 대해 병마사가 금지하는 것을 비판하기도 했다.

다산은 고을 내 아랫사람을 쓸 때도 충분한 근거와 기준을 갖추었다. 가장 기본적인 용인用人의 대상은 향리지만 곡산에서 이에 대한 구체적인 내용은 잘 드러나지 않는다. 다만 뒤에 나오듯이 곡산에서 시행한 것이 분명한 가좌책과 관련하여 이서에 대한 용인의 방책이 드러난다.

첫째, 이서 가운데 민첩하고 너그러우며 노련한 자를 서너 명 뽑았다. 능력과 연륜을 함께 고려한 것이다. 둘째, 이들을 통해 가좌책 작성의 취지가 호정戶丁을 악착같이 찾아내 부세를 더하거나 민을 괴롭히려는 것이 아니라, 실상을 파악하려는 데 있다는 점을 강조했다. 부세의 공평성을 통해 민을 위하려는 것이다. 셋째, 수령이 현장에 나가지 않더라도 이렇게 만든 장부를 치밀하게 확인해서 어긋나면 처벌하겠다고 강조했다. 넷째, 반면 이렇게 만든 장부가 오랫동안 착오가 없다면 공을 인정하여 특별한 차임을 하겠다고 했다. 다섯째, 조사 과정에서 민폐가 없도록 지필과 자금을 관에서 제공했다.

다산이 곡산에 있을 때 이와 같이 경계했다고 했으므로, 이 부분은 거의 스스로 실천한 내용을 중심으로 서술했음을 알 수 있다. 강력한 명령만으로 부리는 것이 아니라 자격 있는 사람을 골라서 정책의 의미를 잘 설득하고, 민간에 피해를 끼치지 않도록 작업 비용을 마련해 주며, 일이 제대로 이루어졌을 때 공에 따른 포상을 하겠다는 의지가 담겨 있다. 또한 자리에 맞는 사람을 매우 치밀하게 용인했음을 알 수 있다.

이러한 용인은 이서의 급료와 관련된 사례에서도 부분적으로 드러난다. 잘 알려져 있듯이 이 시기 이서에게는 정해진 급료가 없었으므로 그것을 민에게 부과하는 등 편법적으로 재정을 마련했다. 이 부분은 다산의 곡산 시절에도 완전히 바꾸지는 못한 듯하다. 다만 이서가 민에게서 수탈하는 양을 줄였고, 이 때문에 그들의 수입이 줄어드는 부분에 한해 배려하는 수준이었던 것 같다. 가령 호총戶總을 정하는 과정에서 적리籍吏의 농간을 막았고, 이 때문에 적리가 이익을 취하지 못한 점을 고려해 이들을 연말에 좋은 자리로 옮겨서 원망을 풀어 주었다.

다만 다산이 "내가 돌아간 뒤에 너희가 농간하면 다시 살아날 수도 있고 오직 금년의 적리는 시운을 만남이 불행했다"라고 했듯이 이 같은 제도가 정착되기는 어렵다고 보았다. 여기서 유추되는 것은 《목민심서》에서 이서의 이력표를 만들라고 했듯이 다산은 어느 정도 이서 직임에 대한 운영 방식을 가지고 있었고, 사안에 따라서 자리를 이동시켜 이서의 불만을 해소한 듯하다. 다만 호총 결정에 관한 새로운 방안은 자신이 그만둔 뒤 다시 옛날 방식으로 되돌아갈 수 있다고 하여 제도의 개선이 어렵다고 보았다.

군현의 하급직인 문졸門卒에 관한 사례도 비슷하다. 곡산 사령청에는 모두 30명의 문졸이 있었다. 그간 곡산부에 소속된 군수고軍需庫의 세입 2000냥 가운데 절반인 1000냥을 관례적으로 도두都頭(都使令) 1인이 차지했다. 다산이 그 법을 고쳐 문졸 30명에게 매월 2냥씩 모두 720냥을 나누어 가지게 하고 나머지 280냥은 도두가 차지하도록 했다. 이렇게 한다면 문졸은 1인당 연 24냥을, 도두는 연 280냥을 차지하게 된다. 이렇게 하더라도 문졸의 몫은 도두의 10분의 1이 되지 않는데, 그럼에도 이 조치는 상당히 칭송을 받았다고 한다. 그만큼 일반 문졸은 생계가 심각했고 이에 대해 다산의 배려가 미쳤기 때문이다.

그런데 뒷날 곡산부사로 나갔던 박규수에 따르면 곡산에서는 사령의 급료를 각 면리에서 마련했으며 이를 고가雇價라고 했다. 이 점이 확실하다면 직임 가운데 일부는 면리에서 고용하는

다산이 다스린 사회

방식으로 활용한 것이 아닐까.

그 밖에 직책에 따른 용인에 대해서는 곡산부사 시절 작성한 것이기에 직접 시행했음을 확인할 수 있다. 가령 한 향(면)에서 일이 일어나면 반드시 군소群訴가 들어오는데, 그것을 가만히 살펴보면 쓸 만한 사람을 얻을 수 있다고 보았다. 곧 잘 봐두었다가 향원과 향교 유생에게 묻고 그 의견을 종합하여 확증을 얻은 뒤 자리가 비는 대로 이런 사람을 향청, 무청, 풍헌, 전감 등으로 쓸 수 있다고 보았다. 일단 각 면에서 신망 있고 적극적인 사람이 등소等訴를 맡았다고 보고, 또 수령으로서 직접 그들의 주장을 확인하는 과정을 거쳤기 때문에 믿고 쓸 수 있었다. 향청, 무청, 풍헌, 전감 등을 열거한 것으로 볼 때 상당히 많은 사람에게 폭넓게 업무를 맡겼음을 알 수 있다. 앞서 이계심을 높이 평가한 것처럼 다산은 자신의 문제를 해결하기 위해 적극적으로 앞장서는 사람을 선호했음을 알 수 있다.

목민의 기본,
지역 실정
파악

───

다산은 고을의 기본 정보를 정확히 파악하는 것을 우선으로 삼았다. 가장 중요한 토지와 호구를 정확하게 파악해야만 국가의 부세를 충당할 수 있을 뿐 아니라, 민에 대한 부담을 바르게 할 수 있다고 생각했기 때문이다.

먼저 호적은 모든 부賦와 요徭의 근원이라고 할 정도로 다산은 중요하게 여겨서 '호적은 온갖 사무의 기본'이라고 표현하기도 했다. 호적에는 핵법覈法과 관법寬法이 있는데, 핵법이란 1구 1호도 빠뜨리지 않고 조사하는 것이고, 관법은 호구를 반드시 모두 찾아내지는 않고 이里 가운데 스스로 사사로운 장부를 두어 요역과 부세를 할당하는 것이다. 주로 관에서 그 대강을 잡아 도총都總을 파악하되, 균평하게 되도록 힘써서 너그러운 법으로 이끌어 나갔다.

그런데 다산은 나라가 제도를 제대로 운영한다면 핵법을 써도 어렵지 않지만, 나라가 그렇지 못한데 한 고을의 수령이 홀로 핵법을 쓴다면 부역이 많아지고 아전의 농간이 심해져서 혼란스럽기 때문에 습속에 순응하여 관법에 따르도록 했다. 이른바 '순속順俗'의 대표적인 사례를 호적에서 찾은 것이다. 실제로 다산은 "국법이 완비되어 있다면 호적은 마땅히 핵법을 써야 한다"라고 했다.

호적에 대한 구체적인 사례를 곡산에서 살펴보자. 수령이 부임하면 지도를 작성해서 민호를 정확히 파악하고 이에 근거하여 〈가좌책〉을 만드는데, 이때는 반드시 핵법을 쓰도록 했다. 다산은 이렇게 하려면 백성에게 완전히 신임을 얻어야 가능하다는 점을 덧붙였다. 여기에는 중요한 이유가 있다. 송사나 살옥이 있게 되면 결국 그 지역의 실정이 드러난다는 것이다. 따라서 〈가좌책〉에는 집과 군보, 심지어 송아지 수까지도 기록하게 했다. 이 과정에서 중요한 것은 능력 있는 아전을 뽑고 가좌책 조례를 활용해서 아전에게 정확히 조사하도록 여러 방법으로 당부하고, 자신이 별도로 탐문해서 살펴봐서 만일 속임이 있다면 죄를 주겠다는 것이다. 즉 아전을 잘 설득하여 자신의 뜻을 실천할 수 있도록 하고, 이를 통해 백성의 실태를 잘 파악함으로써 보호하겠다는 뜻이다.

다산은 이를 실천하기 위해 이교吏校 10인을 뽑아 각 면에 나누어 보내 호구를 조사하고 이를 종합하여 가좌표를 만들었다. 이 표에는 가호를 여러 항목에 걸쳐 자세히 기록했다. 먼저 '품品' 항목은 씨족의 신분 등급인데, 다시 향鄕, 양良, 반班, 사私, 중中 등으로 구분했다. 향은 토관의 족속이며, 양은 신분은 낮지만 천인은 아닌 계층, 반은 문무 양반, 사는 사삿집私家의 노속, 중은 향의 아래이고 양의 위인 계층이라고 규정했다.

'업業'에는 직업을 기재하는데, 전田(농부), 고估(상인), 과科(과거에 급제한 선비), 야冶(공인), 창倡(광대), 목木(목수), 무武(활쏘기를 익힌 선비), 교校(교생) 등의 사례가 보인다.

'세世'는 그 지방에서 몇 대를 거주한 것을 이른다. 역역이란 군포를 바치는 역정으로, 한 집안에서 신역身役에 응할 자가 몇 명인지 알기 위한 것이었다. 택宅은 가옥의 칸수로, 그냥 숫자만 기재한 것은 초가, 옆에 점을 찍은 것은 기와집이었다. 전답田畓은 소유한 논밭이고, 전錢은 가지고 있는 돈이다.

나이는 정丁, 여女, 노老, 약弱으로 구분했는데, 정은 남자 17세 이상, 여는 여자 17세 이상, 노는 남녀 60세 이상, 약은 남녀 16세 이하를 가리킨다. 궁窮은 구휼의 대상으로 환과고독鰥寡孤獨을 가리킨다. 또한 노비와 함께 우마 수를 기록했다. 마지막으로 배와 솥 수까지 기록했는데, 특히 솥은 가난한 자의 경우에

가좌표

椵西里	李世昌	金以得	崔東伊	安尙文	鄭一得
品	鄕	良	良	鄕	良
業	田	田	估	科	冶
世	五	三	二	七	當
役		二	一		一
宅	九	三	四	七	五
田	十	五		八	一
畓	三			五	
錢			百		
丁	三	二	一	三	一
老	一			一	一
弱		二	二	二	
女	二	二		二	一
窮					
奴	一			一	
婢	一				
牛	二	一		一	
馬			一		
舟					
鋌					

기재했다.

다산은 곡산부사 시절 자신이 고안한 가좌표를 대단히 높이 평가했다. 본래 수령이 호구조사를 할 때마다 가좌책을 만들었는데 책이 매우 방대해서 참고하기가 불편했던 반면, 자신이 만든 가좌표는 쉽고 일목요연하게 구성되어서 그가 재임 기간 동안 사용했을 때 한 번도 착오가 없었다는 것이다(《목민심서》에는 1

호의 기록이 한 줄에 지나지 않아서 좌우로 견주어 보면 빈자와 부자, 강자와 약자가 서로 드러나 빼어 보기가 편하다고 했다. 작성 목적을 알 수 있는 부분이다). 따라서 이 가좌표를 이용해 호적을 만든다면 실상을 잘 파악할 수 있다고 자신했다.

구체적으로 살펴본다면 이 경위표(오늘날의 통계표)가 이루어지면 각 호의 빈부와 각 이里의 허실과 각 씨족의 강약과 주호主戶, 객호客戶의 상황을 환하게 알 수 있다고 했다. 또한 책 한 장에 20집씩 기록한다면 100장 책 한 권에 2000집을 기록하고, 2만 집이나 되는 고을이라도 그 책이 불과 10권이면 된다는 것이다. 이것을 항상 열람해 본다면 호적을 고르게 하고 요역과 부세를 공평히 하며, 옥사와 송사를 바로잡을 수 있고 차발差發하는 일을 밝게 할 수 있다고 했다. 또한 가좌표는 첨정에도 이용했는데, 가령 첨정 28명을 해야 할 때 수령이 가좌표를 가지고 부유하고 번성한 마을 28곳을 가려 뽑고 이 마을에서 상호를 엄선하여 뽑도록 했다.

다산은 가좌표를 백성을 다스리는 긴요한 칼자루라고 규정했다. 가령 부세뿐 아니라 진휼을 할 때도 가좌표를 잘 활용하게 했다. 집집마다의 호수, 재산 정도 등을 두루 알고 있어야 한다는 것이다. 다만 국가적으로는 호적을 모두 조사하는 것을 대단히 어렵게 보았다. 따라서 〈호적의戶籍議〉에서는 어떤 사건이 있을 때 호적이 있는 자만을 법적으로 보호하자고 했다. 그렇게 하면 죽임을 당하거나 땅을 빼앗기더라도 속수무책으로 당할 수밖에 없으니 호적을 누락하지 않을 것이라고 했다.

이렇게 호적을 정확하게 했기 때문에 족보 위조와 같은 문제도 쉽게 해결할 수 있었다. 실제로 곡산 청계면 문양리 주민 이인화, 이인번 형제가 족보를 위조하여 왕실의 후예인 것처럼 조작한 사건을 직접 해결했던 일이 있는데, 이 또한 호적에 관한 대책을 마련하게 된 이유로 보인다.

이러한 가좌표를 통해 다산은 곡산에서 유학 모칭(왕족이나 양반을 사칭하는 행위)을 엄금했지만 그 실효성에는 스스로 비판했다. 자신이 임기를 마치면 유학을 모칭한 자는 또다시 적리에게 뇌물을 바치고 종전대로 모칭할 것이기 때문에 무너진 기강을 바로잡는 데에 도움이 되지 못하고 아전만 살찌게 할 것이라는 것이다. 실제로 다산이 유학 모칭을 조사한 것을 두고 곡산민은 가혹하다고 평했다고 한다. 이처럼 다산은 가좌표를 고을을 엄밀하게 통치하는 도구로 활용했지만, 수령의 임기라는 장벽 때문에 어느 정도는 현실과 타협하는 수밖에 없다고 보았다.

그 밖에도 다산은 곡산에서 다양한 장부를 만들었다. 날짜를 철저히 지켜야 할 일은 책력에 맞추어서 만든 작은 책자에 정해진 기한을 기록해서 일의 진행을 다음과 같이 적도록 했다.

수도囚徒 : 형리刑吏, 죄수에 관한 기록

한기限記 : 담당 아전, 세금을 거두어서 운반하는 일

기록期錄 : 시동侍童, 민을 호출하는 일

총록聰錄 : 수리首吏, 상납품을 매기는 일 등

　곡산에서 시행했던 위의 사례에 따르면 분야마다 담당자를
정해서 기록하고 날마다 펼쳐 보도록 했다. 이러한 장부는 다른
지역에서는 나타나지 않는데, 다산이 곡산 시절 일에 따라 다양
하게 장부를 구상했음을 알 수 있다.

　한편 고을의 호총과 군총 수를 모두 파악하여 균평히 배당한
척적尺籍이라는 장부도 있었다. 《목민심서》에서는 척적을 작성
하는 방안을 자세히 기록했다. 그런데 척적의 경우 곡산 전 도
호부사 윤사국이 이를 개수해서 각 이에 나누어 주고 고을 민이
쟁송이 있을 때 이로써 판결했으며 그 뒤 수십 년을 사용했다고
한다. 그렇다면 다산이 곡산부사를 맡았을 때도 척적을 수용했
음을 알 수 있다. 척적에 대해 다산은 일반 민에게는 이롭고 아
전은 싫어한다고 평가했다. 이처럼 전 목민관의 위민제도가 있
을 경우 다산은 더욱 다듬어서 사용한 것으로 보인다.

다산이 다스린 사회

엄정하고
합리적인
부세 운영

고을을 통치하는 데는 부세 운영이 가장 중심이 되고, 이는 민생과 직결되었다. 다산은 곡산 시절 엄정하고도 합리적인 부세 운영을 하기 위해 힘썼다.

곡산 시절 다산의 환곡정책은 이 무렵에 작성한 〈응지론농정소應旨論農政疏〉에서 대략의 방향을 알 수 있다. 곡산의 환곡은 본래 3000석이었는데 1790년경 평안도로부터 7000석이 옮겨와서 모두 1만여 석이었다. 다산은 환곡에 농간執奸이 많아서 농업이 쇠약해진다고 보고, 먼저 고을의 장부에 기록된 이러저러한 명색의 관아 이름을 지워 버리고 감영의 장부에만 구관아문의 명색을 표시하자고 했다. 이를 통해 이서의 농간을 막고 민의 부담을 줄일 수 있다고 보았다. 물론 감영 차원에서 도내 고을의 환곡까지 모두 이렇게 총괄하는 일은 농정소를 통해 국가에 건의했듯이 다산이 할 수 있는 방법은 아니었다. 하지만 곡산 한 고을에서 통합적으로 운영하는 것은 다산이 충분히 할 수 있었으리라 생각한다.

또 하나는 고을 민의 환곡 부담을 고르게 하는 방안이었다. 당시 황해도는 결환結還이나 호환戶還을 시행했으므로 곡산도 여기에 포함되었을 것이다. 여기서 결환은 고르지 않을 수 있지만 호환은 마땅히 고르게 해야 했다. 따라서 다산은 도내의 호구를 합계하여 곡부와 서로 비교해서 평균 분배하여 각각 이전시키고 다시는 증감하지 못하게 하면 곡부가 간편해진다고 보았다.

이처럼 환곡을 통합 운영했기에 분급을 할 때도 통합이 가능했다. 이를테면 국법에는 창곡은 반드시 순차로 나누어 배급하도록 하여 여덟, 아홉 번까지 나누어 배급하는 경우가 있었다. 그러나 다산은 초하루에 몇 개 면민을 불러 한꺼번에 타 가게 해서 오가는 불편을 줄였다. 이처럼 다산은 민의 편리함을 큰 기준으로 삼았다.

다산이 곡산에서 구체적으로 환곡의 폐단에 손댄 사례로는 반작反作(번질) 또는 와환臥還이 있다. 이는 환곡을 수납할 때 아직 수납을 끝내지 못한 것을 아전이 포탈하는 행위를 말한다. 수령에게는 거짓으로 거둔 것처럼 꾸며서 감영에 보고하도록 했던 것이다. 그러고는 그 액수만큼 아전이 포탈을 하는데, 농민과 아전의 관계에서는 환곡을 걷지 않는 대신, 곧 와환에 대한 대가로 와환채를 받는다. 그래서 다산은 곡산 시절 가을에 농민에게 "무릇 와환채를 내는 자는 관에서 마땅히 가려내어 연말에 환곡을 다시 징수하되 아전은 다스리지 않고 와환채를 낸 자만을 다스리겠다"라고 거듭하여 명령을 내렸다. 다산의 입장에서 와환 현상까지는 용납할 수 있을지라도 이것을 구실로 아전이 농민을 수탈하는 상황을 두고 볼 수는 없었던 것이다. 결국 이를 어기는 자가 없었다고 하니 수탈로 이어지지 않았던 모양이다.

사실 환곡에 대한 불법은 분급을 시행하는 현장에서 다양하게 나타났으므로 수령의 눈으로 모두 파악하기는 쉽지 않았다. 따라서 다산은 직접 현장에 나서서 환곡 분급을 위해 창고를 찾아가 직접 불법 운영을 막는 일이 많았다.

가령 묵은 곡식을 나누어 주고 새 곡식을 받는 아전의 농간을 막기 위해 분급하는 날 시종으로 하여금 국자와 대통을 들고 창고에서 나오는 곡식을 일일이 검색하게 했다. 이 때문에 당시 세력 있는 아전 이갑팽이 북창北倉에 저장해 둔 묵은 콩 500석을 꺼내서 나누어 주려고 했지만, 번번이 걸려서 도로 창고에 집어넣게 되어 결국 진토가 된 콩을 밭에 거름으로 썼다고 한다. 불법을 저지를 틈을 주지 않았던 것이다. 이는 수령으로서 현장에 직접 나섰기에 가능했다.

다산은 군역의 책정과 운영에도 많은 관심을 기울였다. 군역은 당시 면리 단위로 액수가 책정되어 있어서 실제 군역을 질 수 있는지의 여부를 가리지 않고 부담해야 하는 경우가 많았다. 특히 넉넉한 민호나 재력이 있는 자는 아전이 사사로이 처리하고 가난한 사람에게 군포의 액수를 채우게 하여 황구첨정, 백골징포가 일어났던 것이다.

황해도에서는 이런 문제를 해결하기 위해 마을마다 군포계를 시행하는 것이 유행했다. 군포계란 군적에 실린 명단은 대부분 허명이고, 실제로는 마을에서 귀천을 가리지 않고 모두 돈을 내어 그 이자로 군포를 충당하는 것이다. 당시 황해도 병마사 정학경은 거짓 이름으로 군포를 내는 것은 금지해야 한다고 했다. 이는 아마도 병사의 입장으로서는 실제 군정을 파악하기 위해서가 아닐까 한다.

이에 반해 다산은 세 가지 이유를 들어 군포계를 옹호했다. 곧 첫째는 군포계를 시행하기 때문에 세금이 줄어드는 것이 아니라는 점, 둘째는 수취하기 힘든 것이 아니라는 점, 셋째는 민심이 이를 선호한다는 점이었다. 즉, 다산은 오히려 이를 좋은 법이라고 평가했던 것이다.

앞서 고을 민이 '귀천을 가리지 않고' 부담했다고 표현했듯이 다산은 모든 민이 돈을 내어 계를 운영한다는 것은 실질적으로 '호포'에 해당한다고 보았다. 실상 호포법은 18세기에 국가에서도 추진하고자 했으나 현실적으로는 시행하기 어려웠던 제도다. 그런데 민이 실질적으로 군포계를 시행하고 있으므로 이를 금지하여 어지럽게 만들 필요가 없다는 것이다. 이는 개혁적인 제도를 국가 차원에서 시행하지 못하는 점을 비판한 것일 수도 있고, 나아가 민의 자율적인 대응을 매우 긍정적으로 평가한 것이기도 하다.

또한 다산은 군포를 상납하는 과정에 주목했다. 그는 부임하자마자 곧바로 '군포를 바치는 자는 관정官庭에 직접 바치도록 하라'고 명했다. 베의 올이 굵고 가는 것, 폭이 넓고 좁은 것, 길이의 장단 등의 차이를 가지고 아전의 농간이 있었기 때문이다.

그 뒤 한 농민이 군포를 바치려고 왔을 때 다산은 아전에게 받은 자를 이용해서 재려고 했다. 그런데 자의 길이가 길어서 《오례의五禮儀》에 실린 자의 표준도를 찾아 대조했더니 2촌이나 더 길었다. 이에 아전을 힐책하자 감영이 아닌 고을에서 별도로 만든 것임을 자백했다. 다산은 곧바로 《오례의》에 준하여 자를 새로 만들고 관정에 20척이 되도록 땅에 금을 그어 두고 군포의 가운데를 접어 40척을 잴 수 있도록 만들었다. 40척을 기준으로 삼은 것은 국가에 납부하는 베는 37척으로 1필을 삼았으므로 3척 정도 여유를 남겼다.

그런데 앞의 농민이 가져온 베를 쟀더니 7척이나 남아서 다산은 이를 돌려주었다. 농민은 아전의 농간까지 염두에 두고 여유 있게 가져온 것이었다. 이는 거의 15퍼센트에 해당하므로 큰 부담이 될 수밖에 없었다. 다산은 현장에서 철저하게 지켜보았기에 이 시기에 매우 비중이 큰 군포 운영의 폐단을 어느 정도 해결하는 계기가 되었다.

사실 당시 경척京尺·관척官尺·이척吏尺·민척民尺 등 자마다 수치가 달라서 혼란스러운 상황이었다.[2] 다산은 당연히 도량형을 통일해야 하지만, 한꺼번에 통일을 하면 혼란이 생길 수 있다고 여겨 일단 이것들 가운데 중간 것을 사용하여 어느 정도 통용된 뒤 통일할 것을 주장했다. 실제로 올의 굵기에 해당하는 승새의 경우 금어포禁御布의 승새는 삼반포三半布를 허락한 것을 보면, 지나치게 세밀한 것이 아니라 약간 수준을 낮춘 것을 받아들였다고 보인다.

군포를 상납할 때도 이서에게 맡기면 부담이 늘어난다고 보고 직접 관여했다. 서울의 군영에 군포를 상납하는 날 고을의 이서에게 맡겨두면, 먼저 이들이 감영으로 갔을 때 군영의 하속이 관례로 주는 것 외에 또 새로운 뇌물을 토색질하여 그 욕심이 충족되지 않으면 퇴짜를 놓는다는 것이다. 그렇게 되면 고을 이서는 이를 처리하고 고을로 내려온 뒤 이중으로 당한 손해와 인정전, 잡비를 모두 백성에게 거둬들였다고 한다. 그래서 다산은 군포를 상납하는 자신이 직접 군영의 대장과 병조의 군색랑에게 연락하여 아전 단속을 요구했다. 운영상의 지나친 관행을 깨기 위해서는 직접 관여하는 자세가 필요하다고 생각했던 것이다.

민의
부담을 줄이는
노동

━━━━━

민에게 또 하나 중요한 부담은 요역이었다. 다산은 역역의 부과에 대해서 신중과 축소의 방향을 거론했고, 기본적으로 민을 위해 이로운 일이어야 한다고 했다.

실제로 다산이 곡산부사로 있을 때, 감사가 급히 관문을 띄워 연군烟軍 200명을 징발하여 재령군으로 가서 장용영에서 둑 쌓는 일을 돕도록 독촉한 적이 있었다(이때 감사는 아마 조윤대인 듯하다). 연군이란 은광을 굴착하는 사람이다. 이 시기 재령에는 궁방전, 아문전이 많았는데 장용영 소속의 개간지도 많았다. 그 땅에 둑을 쌓는 일을 도무라고 했을 것이다. 하지만 앞에서 언급했듯이 다산은 감사의 압박에도 부역을 거부했다. 결국 감사는 곡산을 제외하고 오직 다른 고을에만 부역을 시켰다고 한다. 장용영은 당시 권력기구인 셈이어서 궁방전이나 아문전에 관행적으로 역역을 행했는데 다산이 이를 거부한 것이다. 특히 다산은 축언작답에 대해 매우 냉정하게 살펴보고 비판했다. 둑이 완공되고 사람을 끌어들여 요역을 덜어 주면서 소작하게 하면 요역 호수는 오히려 줄어들어 일반 민의 부담이 무거워지고, 그곳의 소출 곡식은 10분의 1은 경사에게, 나머지 10분의 9는 궁방전을 관리하는 도장導掌에게 들어가 그들만 살찌게 되니 국가나 고을 민에게 보탬이 되지 않는다는 것이다. 다산은 이처럼 궁방전, 아문전의 문제점을 꿰뚫고 있었다.

요역 가운데 관청을 수리하는 일에 대한 다산의 생각은 이 시기 곡산 정당 개건에서 잘 드러난다. 사실 관아를 짓는 일에는 재물이 관련되고 노역이 들어가기 때문에 수령은 건물이 부서지고 무너지더라도 기왓장 하나 바꾸는 것조차 꺼린다고 했다. 이 점은 대체로 수령이 역의 확대를 바라지 않는다는 뜻으로 보인다. 다산도 이런 입장을 취하다가 결국 수리에 들어갔는데 다만 방법을 달리했다.

먼저 일꾼을 동원하는 방법은 실제 정당을 사용하는 아전과 관노를 주로 하고 민정民丁을 보조로 했다. 군교와 아전은 노소, 강약을 불문하고 모두 참여하게 하여 역부 동원에는 걱정이 없게 했다. 관내의 백성은 부호에는 2일의 부역, 편호에는 1일의 부역을 지우고, 가까운 곳에 사는 사람은 일을 직접 하고 먼 곳의 사람은 돈 25푼으로 대납토록 하되 멀더라도 몸으로 부역하려는 사람은 거절해서는 안 된다고 했다. 또한 사회 풍기를 어지럽힌 자는 벌칙으로 부역에 동원했다. 가령 술에 취해 싸우는 자는 2일, 남을 때려서 상해를 입힌 자는 3일, 세를 부려 구타한 자는 10일의 부역을 더 시켰다.

역의 동원 방법을 일반 민보다는 실제 건물을 사용하는 아전, 관노를 중심으로 한다는 발상은 매우 합리적으로 보인다. 그리고 부자에게 오히려 역을 많이 배당하는 방식은 마치 토지의 양에 따라 세금을 더 많이 내는 방식을 역에도 적용한 듯하다. 또한 사회 풍기에 대한 벌칙으로 역을 매기고 또 그 수준에 따라 역의 경중을 달리하는 방식도 매우 합리적이었다. 이처럼 다산은 역을 운영하는 균등한 방식을 끊임없이 고안한 듯하다.

목재 운반의 역은 기술 개선을 통해 부담 자체를 줄였다. 곡산부사 시절 다산은 목재를 운반할 때 도로를 닦고 돌, 목재 등 건설 자재를 나르는 수레인 유형거游衡車를 만들어서 시행했다. 유형거를 활용하면 수많은 민을 동원하지 않아도 되었기 때문이다. 이처럼 화성 성역에도 참여했던 다산의 실용적인 지식은 민역을 상당히 덜어 주었다. 이는 다산이 평소 과학기술에 지속적인 관심을 갖고 연구하는 뛰어난 능력이 있었기에 가능했다.

그러한 점은 얼음을 저장하는 역에서 더욱 잘 드러난다. 얼음을 저장하는 비용은 큰 고을에서는 300~400냥이나 들어서 해마다 백성에게는 괴로움이었다. 재목을 베고 짚을 나르고 얼음을 뜨고 빙고로 운반하는 복잡한 과정에 아전의 농간까지 있었다. 다산은 곡산부사 시절 얼음을 채빙하여 저장하지 말 것을 지시했다. 그 대신 음지에 구덩이를 파고 굴을 만들어 직접 물을 부어 얼려서 이듬해에 사용케 했다. 당시 서울에서도 내빙고, 외빙고에서 한 해에 소비하는 비용이 수십만 냥이나 되어 다산은 자신의 방법을 서울에서도 사용하면 비용을 크게 줄일 수 있다고 판단했으나, 실제 건의하지는 못했다고 한다. 다산의 자연과학에 대한 지식이 이 같은 방법을 고안하게 한 듯하다.

또 하나, 청나라 칙사가 왕복할 때 부담하는 지칙 비용에 대한 것도 있다. 지칙은 한 고을만의 문제가 아니었으나, 특히 황해도는 사행로가 있는 지역이어서 곡산은 지칙의 부담을 져야 했다. 다산은 이에 대해서도 대책을 상당히 자세하게 작성했다. 일반적으로 부민을 차출하여 감관으로 삼고 각종 필요한 물품을 구입하게 했는데, 이를 배정하는 과정에서 아전 군교의 수탈이 심했다. 그런데 다산은 감관 자체를 아전이나 군교에게 맡겨 관에서 물품을 보급하고, 힘이 부족하면 민호에 고루 배당하는 방안을 썼다. 민에게 부담을 지우지 않게 하려는 것이었다.

또한 곡산에 있을 때 지칙과 관련된 각종 비용에 대해, 가령 칙서를 각안에 봉안하여 교생 두 명이 두 달가량 모셨는데 그 비용을 고을 교생 160명이 각 한 냥씩 거두어 주었다고 한다. 다산은 이를 무시하고 칙사가 닥치는 시점에 아전 2인으로 하여금 모시도록 하면서 담뱃값으로 두 냥을 주었다고 한다. 또한 칙사가 하천을 건널 때 놓을 가교 때문에 평산 쪽에 교량채橋梁債 60냥을 제공해야 했는데, 다산이 하천의 폭이 좁은 곳을 선택해서 다리를 놓게 했더니 평산 아전이 길을 고치지 말 것을 빌며 돈을 요구하지 않겠다고 했다.

곡산부사를 마치고 돌아왔을 때 정조가 지칙의 폐단을 묻자, 다산은 수십조의 사례를 이야기하고 곧바로 〈해서지칙정례보설〉을 만들었다. 그간 실제 경험하면서 느낀 폐단을 모두 수합한 셈이었다. 대체로 비용을 줄이고, 특히 민에게 부담을 지우지 않는 방향이었다.

사회적 약자까지
끌어안은
정책

━━━━

다산은 앞서 부세정책에서도 '애민'에 근거를 두었지만, 특히 사회적 약자들이 어려운 일에 처했을 때 좀 더 직접적인 애민정책을 시행했다. 《목민심서》의 애민6조, 진휼6조는 여기에 기반을 둔다. 오늘날 사회보장책, 사회구제제도 등과 비교할 수 있겠지만, 이 글에서는 다산의 곡산이라는 한 고을의 사례가 중심이어서 대민정책으로 표기하고자 한다.

정약용은 수령7사만 중시하는 점을 비판하면서 《주례》 대사도의 보식육정保息六政을 본떠서 애민6조를 만들었다. 곡산 시절 구체적으로 이 일을 얼마나 시행했는지는 알 수 없으나, 몇 가지 사례를 살펴보기로 한다.

애민6조 가운데 첫 번째 '자유慈幼'는 어린아이 양육법을 말한다. 정약용은 경기도 암행어사 시절 유기 아동 문제에 대한 정조의 명을 받고 특별히 관심을 갖고 돌아본 적이 있었다. 그 결과 유기 아동 수양을 제대로 행하는 곳이 없다고 보고했다. 따라서 이 문제는 실제 일어났는지는 알 수 없지만, 다산에게는 관심 사안이었다고 하겠다.

다산은 '양로養老'에도 신경을 썼다. 곧 80세 이상 장수한 남자 21명과 여자 15명을 뽑아서 전모氈帽 36개를 사들여 입동에 배부했으며, 계피와 생강을 넣은 엿을 만들어 동짓날에 배부했다. 그 비용은 10냥에 불과했지만 백성이 진심으로 기뻐했다고 한다. 적은 비용으로 충분히 노인을 위로하는 일을 할 수 있음을 보여 준다. 이와 같은 '진궁振窮'은 환과고독을 구제하는 일반적인 정책이므로 포괄적으로 행했으리라 본다.

갑자기 상을 당한 사람을 보살펴 주는 '애상哀喪'에는 직접적인 사례가 있다. 다산이 곡산부사였던 1798년(정조 22) 겨울에 갑자기 독감이 돌아 죽은 사람이 많았던 듯하다. 다산은 먼저 죽은 이들을 거두어 매장하고 이들에 대한 장부를 철저히 작성했다. 그리고 5일마다 사망자 장부를 만들고 친척이 없는 자는 관에서 돈을 내어 매장하게 했다. 당시 아전은 조정의 명령이 없으니 실행해도 공적이 없을 것이라고 반대 의견을 표했는데, 다산은 앞으로 명령이 내려올 것으로 보았다. 그런데 한 달이 지난 뒤 비로소 조정에서 감영을 통해 사망자에 대한 장부를 독촉하기 시작했다. 다른 읍에서는 뒤늦게 장부를 작성하는 과정에 여러 차례 문책을 받았다. 그러나 다산은 이미 정리해 놓은 장부를 바치고 무난히 통과했다. 전염병으로 인한 고을 민의 죽음을 철저히 파악하고 가족이나 친척이 없어서 시신을 수습할 수 없는 경우에는 관에서 비용을 제공하도록 했던 것이다.

'관질寬疾'은 불구자와 중환자에게 신역을 면제해 주는 제도였다. 이 또한 앞서 1798년(정조 22) 겨울 독감이 성했을 때 사례를 찾을 수 있다. 이때 사망자가 증가하자 조정에서는 부민으로 하여금 구호, 치료, 매장하게 하고 3품과 2품의 품계를 내리겠다고 했다. 다산이 그 내용을 고을에 알리자 다섯 명이 응했다. 이를 감사를 통해 중앙에 보고하도록 했지만, 감사는 다른 고을에서 올라온 사례가 없으므로 한 고을의 사례만 보고할 수 없다고 거절했다.

다산은 이 사안을 장용영 축언 사례보다 더 심각하게 본 듯하다. 부당 명령을 넘어서 국왕의 윤음을 무시한 것으로 보았기 때문이다. 그는 곧바로 승정원에 보고하여 이는 국왕의 윤음을 무시한 행위이며, 이렇게 무시한다면 앞으로 윤음이 있더라도 불신하게 될 것이라고 항의했다. 나아가 이를 경연 자리에서 왕에게 아뢰도록 요구했다. 그렇지 않으면 직접 올라가서 상소하겠다고 했다.

결국 승정원은 왕에게 보고했고, 왕은 감사에게 2등의 감봉 조처와 부민 5인에게는 모두 품계를 내려 주었다. 이 또한 정조였기에 들어주었을 수도 있다. 이처럼 다산은 민에게 한 약속을 통치의 기본으로 중요하게 여겼음을 알 수 있다. 나아가 관질은 불구자와 중환자에게 직접 신역을 면제해 주는 일뿐 아니라 부민이 적극 참여하도록 했다. 이 시기 다산이《마과회통麻科會通》이라는 의서를 지은 것도 질병을 구제하기 위한 맥락에서일 것이다.

마지막으로 '구재救災'는 수재, 화재 등을 구제하는 일이었다. 재해가 일어난 뒤 진휼미를 지급하는 것은 당연한 일이었고, 다산은 미리 대비하는 문제에도 어느 정도 준비했을 것으로 보인다.《목민심서》에 따르면 산골의 민가는 지대가 낮거나 물에 가까울수록 평일에 지대가 높은 곳으로 옮기도록 하거나, 배를 준비하고 웅덩이나 독을 두어 물을 저장하도록 했다. 큰 고을에는 수총手銃 10여 개를 비치하도록 했다. 곡산의 상황은 어떠했는지 알 수 없지만 다산의 고향이 강가에 있어서 수재를 여러 차례 입었기에 이런 방면에는 관심이 높았으리라 보인다.

다산은 심지어 유배자에게도 관심을 기울였다. 사실 이 시기에 중앙 관리나 수령 가운데 귀양 가는 자가 많았지만, 이들은 스스로 유배 생활의 방편을 마련할 수 있기 때문에 다산은 관심을 두지 않았다. 오히려 평민은 돌보아 주는 사람이 없기에 수령이 관리해야 한다고 보았다. 다산이 곡산부사일 때 곡산에 귀양 온 자가 여덟아홉 명이 있었다. 당시 풍속으로는 이정으로 하여금 가구를 계산하여 돌아가면서 그들에게 식사 대접을 하게 했다. 그런데 누군가가 부르지 않으면 굶을 수밖에 없었다. 이 때문에 귀양자 가운데 호소하는 자가 있었지만, 이정을 불러 나무라면 도리어 괴로움을 호소했다.

다산은 부임 후 얼마되지 않아 이들을 돌볼 수 있는 겸제원을 만들어 이 문제를 해결하고자 했다. 그는 기와집 한 채를 사서 열 명(한 고을에 유배 오는 사람은 열 명이 넘지 않았다고 한다)이 같이 거처하게 하고, 화속전을 따로 떼어내어 해마다 500냥을 조성했는데, 고을 민 가운데서 관주를 뽑아 그 돈으로 곡식·반찬·자리·그릇 등을 마련했다. 다산이 겸제원이라고 이름을 단 것은 주객을 모두 구제한다는 뜻이며, 주민과 귀양인 모두를 구제하기 위해서 결국 관에서 재정을 마련하는 방법을 모색한 것이다.

유배지에서도 계속된 애민 정신

전라남도 강진군 도암면에 있는 다산초당

정약용의 애민 노력은 유배 시절에도 이어졌다. 다산은 강진의 다산초당에서 오래 유배 생활을 하는 동안 1809년(순조9)과 1814(순조14)년에 기근을 만났고, 기근 후 다음 해에는 염병이 유행했다. 평소 의술에도 조예가 깊었던 다산은 약재의 일종인 생부자生附子를 보급해서 많은 사람을 살렸다.

목민,
이상이 아닌
실천이다

―――――

다산은 곡산부사 시절 최선을 다해 목민 활동을 했다. 상하 관리와의 관계 정립, 잘 다스리기 위한 고을의 기본 정보 파악, 재정에 대한 엄정하고 합리적인 운영, 민에 대한 보호 의식 등에서 그가 다방면에 걸쳐 '목민'을 시행하고자 노력한 흔적을 볼 수 있다. 여기에 민에게 편리한 방법, 민의 공의를 받아들이는 자세, 폭넓게 민생을 바라보는 시각 등이 들어 있다.

그에게 '목민'은 이상이 아니라 실천이었다. 이러한 자세가 오랜 유배 생활 동안 하게 된 수신修身 공부와 민간 거주 경험이 더해지면서 《목민심서》로 정리되었다. 이런 점에서 곡산 시절은 다산이 목민학을 심화하는 큰 계기였다. 다만 곡산 시절에 관한 활동은 부분적으로 남아 있어서 전체를 복원하기는 어렵다. 곡산을 떠난 이후 목민에 관한 다산의 생각은 어떻게 깊어졌을까?

다산은 1799년(정조 23) 2년을 조금 덜 채우고 곡산을 떠났다. 정조의 총애를 받는 다산이 지방관 생활을 오랫동안 할 수 없음은 당연한 일이다. 이때 다산이 지은 시를 보면 빨리 올라오라고 재촉하는 정조의 모습, 이별의 술자리를 마련하고 떠나보내기 싫어하는 고을 민의 마음이 담겨 있다. 이 시에는 술자리를 자주 하지 않는 다산을 마뜩잖게 여겨 눈물 한 방울 흘리지 않는 기생들과 다산을 기리기 위해 선정비를 세우려고 논의하는 백성들의 서로 대비되는 모습이 재미있게 그려져 있다. 시의 마지막 줄에서는 임금을 보고 싶은 마음도 표현되지만, 그러면서도 자신이 정조의 뜻에 맞춰 제대로 통치를 했을까 걱정하는 마음이 담겨 있다. 몇 년 뒤 유배 시절 아들에게 보낸 편지에서 다산은 곡산에서 부사로 있을 때 '백성 다스리는 일에 온 정력을 기울였다'고 당당하게 이야기한다.

다산은 고을 민과 대화를 나누면서 자신의 목민에 대해 평가받으려고 했다. 곡산 민이 그를 전송하면서 "다른 일은 다 좋았으나 오직 유학을 모칭하는 일을 조사해낸 것은 너무 가혹했다"라고 말했다. 아마도 이들이 대체로 부민이었는지라 이 문제가 그들과 바로 연결되기 때문이었을 것이다. 사실 다산은 잘못된 관행, 기강 문제에 고민이 많았다. 유학 모칭과 같이 기강이 무너지는 것을 두고 보기는 어려웠겠지만, 수령의 임기 동안 바로 잡기에는 현실적으로 수월한 일이 아니었다. 그래서 '모래 둑' 정도밖에 되지 않는다면 차라리 눈을 감아버리는 것이 더 좋은 방법이 아닐까 고민했던 것이다.

다산에 대한 평가 가운데 황해도 감사 정일환의 언급도 의미 있다. 사실 정일환은 다산이 중앙으로 돌아온 그다음 해 정조가 죽자 이후 감사로 내려갔다가, 황사영 백서 사건으로 장기에서 서울로 압송되어 재조사를 받을 시점에 다시 내직으로 들어왔으므로 다산을 특별히 옹호해야 할 이유가 없었다. 그렇지만 1년 정도 황해도에 있으면서 지난 시절 곡산부사를 맡았던 다산에 대한 이야기를 들었을 것이다. 정일환은 다산이 곡산에서 백성을 자애롭게 보살핀 목민관 생활을 했는데 그런 사람은 죄가 있더라도 죽여서는 안 된다고까지 말했다. 설사 서학과 관련하여 죄가 있더라도 목민관으로서 그의 경력을 매우 높게 평가한 것이다.

또 하나 다산의 역할을 간접적으로 확인할 수 있는 이야기가 있다. 다산은 '수령은 나그네'라는 이야기를 많이 했다. 그의 말마따나 수령은 나그네처럼 한두 해 머무르다 가기 때문에 잘못을 고쳤다고 하더라도 수령이 가고 나면 도로나무아미타불이 되는 일이 많을 수밖에 없었다. 그런데 부분적으로는 다산이 만든 제도가 계속 유지되었던 모양이다. 관청 수리에 관한 조례를 이후에 온 수령이 고치고자 했으나 아전과 민이 고집하여 한 조목도 고치지 못했다고 한다. 다산이 만든 규정의 타당성, 편의성을 모두 인정했기 때문일 것이다. 실제로 《목민심서》에도 관청 개건에 삼화토를 활용하여 조금도 금이 가거나 기울지 않았다는 내용이 실려 있다. 언제를 기준으로 했는지는 몰라도 그만큼 자신이 있었다는 뜻으로 보인다. 또한 60년이나 지난 1858년(철종 9) 박규수가 곡산부사로 나갔을 때 다산이 사령의 급료雇價를 각 면리에서 마련했던 제도가 아직 남아 있었다고 한다.

다산에게 곡산은 어떤 곳이었을까? 일단 다산의 안목을 한 단계 더 넓히는 계기가 된 곳이다. 그의 인생에서는 가장 적극적인 민목民牧을 펼치고 경험한 장소가 되었고, 그간 다녀 보지 못한 서북행을 통해 북부 지역의 역사와 문화를 이해하는 계기가 되었다. 특히 민목으로서 다산은 행정, 경영, 재판, 복지 등 그야말로 그 스스로 이야기했듯이 왕보다 규모는 작지만 '만기친람萬機親覽'을 해야 하는 위치에 섰고, 한편으로 왕은 여러 관료에게 도움을 받지만 수령은 모든 일을 스스로 처결해야 하는 상황에서 적극적으로 나설 수 있었다.

정리하자면 다산은 상사와 직접 소통하려 했고, 중간 수탈은 차단하되 사람으로서 배려하려는 마음을 가지고 있었다. 민을 적극적으로 존중했고 모든 일에 민생을 우선했다. 그러면서 기존 제도는 가급적 활용하고자 했다(因時順俗). 이렇게 다산이 적극적으로 민목의 역할을 할 수 있었던 것은 정조의 지원도 큰 힘이 되었다. 다산의 곡산 시절에 대해서는 일제강점기 최익한이 《동아일보》에 연재한 〈여유당전서를 독함〉이라는 글에서 정확하게 평가했다. 그는 '택국이민澤國利民의 포부의 할계적割鷄的 실현'이라는 표현을 써서 국가 운용 능력이 있는 다산이 작은 고을을 다스렸다는 뜻으로 사용했다. 곧 닭 잡는 데 소 잡는 큰 칼을 썼다는 비유다.

한편 다산의 목민 실천은 짧은 경험으로 끝나지 않았으며, 많은 기록으로 남겼고, 나아가 목민의 마음을 확대하려고 했다. 다산은 곡산부사 시절 《상산록象山錄》, 〈유월현령기游月峴嶺記〉, 〈상산부정당개건일력象山府政堂改建日曆〉, 〈산거방언〉, 〈청계행검설淸溪行檢說〉 등을 썼다. 또한 정조의 요구에 따라 〈응지론농정소〉를 작성해 올렸는데, 여기에는 편농便農, 후농厚農, 상농上農 등 농민의 형편과 처지를 개선하는 내용을 담았다. 구체적으로는 농업기술, 수리, 환곡, 도량형, 담배 재배, 과거, 억말抑末, 양역법, 자尺 등에 대한 내용이 담겨 있다. 농민을 중심으로 하는 개혁안이라고 할 수 있다. 또한 고을 통치에 절대적으로 필요한 호적을 다룬 〈호적의〉, 군포의 개혁을 다룬 〈신포의身布議〉

등도 곡산 경험이 중심이 되었다.

나아가 다산은 곡산부사를 마치는 시점부터는 통치에 대한 개혁 방안을 많이 저술했다. 먼저 그 유명한 〈전론田論〉은 1799년(정조 23)에 작성했는데, 작업의 완성은 퇴임 후인 듯하지만 시작은 곡산 시절로 보인다. 다산 스스로 "늘그막의 논지와는 맞지 않지만 기록해둔다"라고 했는데, 이는 곡산부사 시절 또는 이 시기를 거치면서 상당히 개혁적인 생각을 했기에 노년 시절과는 차이가 있음을 내비친 것이다. 〈원목〉과 〈탕론〉도 이 무렵이었다고 보인다. 곧 지방관을 지내면서 통치 이론에 대해 매우 열심히 구상한 듯하다.

아무튼 〈전론〉에서 보듯이 다산은 '부자에게 덜어서 가난한 쪽에 보태어 산물을 고르게 하지(損富益貧 均制其産)' 않는 것은 군목君牧의 도리를 행하지 않는 것이라고 비판했다. 다산은 여전閭田의 시행으로 공동 토지를 공동 경작하고 각자의 노동 일수에 따라 분배하면 백성의 택리가 고르게 되고(宅里均) 전지가 고르게 되며(田地均) 빈부가 고르게 되어(富貧均) 결국 나라의 전지가 고르게 될(國中之田均) 것이라고 했다. 또한 공상工商과 사士는 역할에 따라 분배하고, 세금에서 관리의 녹봉을 마련할 것을 주장했다. 짧은 글이지만 우리가 흔히 이야기하듯이 공동 농장제에만 초점이 맞춰져 있지 않은 것이다. 이런 점에서 다산의 곡산 경험은 목민학의 폭이 깊어지는 소중한 시간으로 보인다.

유토피아는 '아무 데도 존재하지 않는 곳'이라고 한다. 따라서 유토피아는 종교적인 기능을 가지고 때로는 정치적 동원을 위해 활용되기도 한다. 유토피아는 환상을 길러내는 동시에 필연적으로 환멸을 낳게 마련이며, 때로는 끔찍스러운 잘못을 정당화하는 데 이용되기도 한다.

반면 최근 한 학자가 고안한 유토피스틱스(Eutopistics)는 실제로 가능성이 있는 대안을 찾기 위한 활동을 말한다.[3] 인간의 사회적 체제, 이런 체제가 지닌 가능성의 한계 그리고 인간의 창조성이 발휘될 수 있는 영역에 대한 냉철하고 합리적이며 현실주의적인 평가를 한다.

다산의 곡산 시절, 그는 수많은 고민과 결정을 했고, 그 같은 경험에 따라 그 후로도 끊임없이 유토피아와 유토피스틱스 사이에서 고민하지 않았을까?

주석

/

1 활빈당이 바로잡으려 한 나라

ɪ 《한반도》, 1910, 75쪽

2 천주학장이들이 사는 세상

ɪ 이 글에서 특히 활용된 자료 가운데 《쥬교요지(主教要旨)》는 1801년에 순교한
정약종이 지은 책으로, 1897년 활판본 2책으로 간행되었다. 그리고 《성경직히
(聖經直解)》는 1790년 이후 번역되어 필사본으로 작성되기 시작하여 1866년
병인교난 당시에는 20권으로 된 필사본이 존재했으며, 1892년에서 1897년 사
이에 활판본 9책으로 간행되었다. 《텬쥬성교공과(天主聖教功課)》는 1859년 목
판본 4책으로 간행된 책자로 당시 교회의 대표적 기도서였다. 1864년에 목판
본 1책으로 간행된 《성교요리문답(聖教要理問答)》을 자료로 활용했다. 또한 다
블뤼 주교가 황석두 등의 도움을 받아 저술하여 1864년에 목판본으로 간행한
《성찰긔략(省察記略)》(1책)과 《신명초힝(神命初行)》(2책)을 주요 자료로 참고했
다. 이외에도 1675년 베이징에서 한문본으로 간행되었고 조선에 전래되어 사
용되다가 1884년 활판본 1책으로 간행된 《성교빅문답(聖教百問答)》을 비롯한
여러 자료를 분석했다.

4 동학이 꿈꾼 유토피아

ɪ 1860년(철종 11)에 창도된 동학이 근대적 의미의 '종교'로 바뀌는 것은 1905

년(고종 42) 의암 손병희에 의한 '동학의 천도교로의 개신'부터다. 이 점은 따로 자세히 언급하기로 한다.

2 '동학'과 관련하여 최초로 '혁명'이란 용어를 쓴 것은 1920년대의 천도교 측 인사가 아니다. 일본 외무성 산하 외교사료관에서 발굴한 《朝鮮國東學黨動靜二關シ帝國公使館報告一件》에 실린 1893년(고종 30) 교조신원운동 관련 문서에 이미 '혁명당' 등 혁명이란 용어가 사용되고 있었다.

3 이 말에 대한 정확한 근거는 현재 추적 중이다.

4 곽박정희의 부친이 동학농민군 지도자였다는 사실은 비교적 널리 알려진 사실이지만, 2004년 3월에 제정된 '동학농민혁명 참가자 명예회복에 관한 특별법'에 의거하여 명예회복 신청을 한 사실은 현재까지 확인된 바 없다.

5 이 시기에 동학을 혁명 사상으로, 1894년의 대봉기를 혁명으로 평가했던 대표적인 연구자가 바로 중앙대학교 사학과의 김용덕, 부산여자대학교의 김의환, 고려대학교의 최동희, 신일철 교수 등이다.

6 동학농민혁명 100주년을 전후한 시기에 연구자, 시민운동가, 언론 등의 주도로 이루어진 동학 및 1894년 동학농민혁명을 재조명한 성과는 방대한 분량이므로 이 글에서는 생략한다.

7 김범부, 〈최제우론〉, 《풍류정신의 사람 김범부의 생각을 찾아서》, 도서출판 한울, 2013, 110~149쪽.

8 소춘, 〈대신사생각〉, 《천도교회월보》 162, 1924, 17~18쪽; 최재목, 정다운 엮음, 《범부 김정설 단편선》, 도서출판 선인, 2009, 203쪽.

9 최옥, 《근암유고》, 경인문화사, 1979, 351~354쪽.

10 수운의 아버지 근암공 최옥은 퇴계의 학통을 정통으로 이은 학자로, 그의 퇴계 학통의 계승 사실에 대해서는 《도올심득 동경대전》(통나무, 2004)에서 김용옥 선생이 자세히 논구했다.

11 이 시기 수운의 사상적·정신적 고뇌와 그 처절한 모색 과정은 1879년에 쓰인 수운의 일대기 〈최선생문집도원기서崔先生文集道源記書〉(《동학사상 자료집》 1, 아세아문화사, 1979)에서 확인할 수 있다.

12 次第道法 猶為二十一字而已(최제우 저, 박맹수 역, 《동경대전》, 〈논학문〉, 지식을 만드는 지식, 2009, 58~59쪽)

13 運則一也 道則同也 理則非也(최제우 저, 박맹수 역, 《동경대전》, 〈논학문〉, 지식

을 만드는 지식, 2009, 59쪽)

14 김용옥, 《도올세설》, 통나무, 1991, 156쪽.

15 '포덕'이란 말 그대로 '덕을 널리 펴다'라는 뜻이지만, 이 글에서는 동학의 가르침을 세상에 널리 편다는 뜻으로 해석하고자 한다.

16 보국안민사상은 1894년 음력 3월 20일경에 전라도 무장에서 포고된 〈무장 창의문〉과 전봉준의 최후 진술 내용을 담은 〈전봉준공초〉에서도 한결같이 강조된다.

17 동학농민혁명 당시 동학농민군의 내셔널리즘에 대해 재일사학자 조경달은 '전기적前期的' 내셔널리즘이라고 평가했다(趙景達, 《異端の民衆反亂─東学と甲午農民戰争》, 岩波書店, 1998).

18 "네 몸에 모셨으니 사근취원 하단 말가." 최제우, 《용담유사》, 〈교훈가〉, 1883.

19 최승희, 〈서원(유림) 세력의 동학 배척 운동 소고〉, 《한우근 박사 정년 기념 사학논총》, 지식산업사, 1981, 559쪽.

20 홍종식 구연, 춘파 기, 〈동학란실화〉, 《신인간》 34, 1929.

21 이 점에 대해서는 일찍이 김지하 시인이 탁월하게 지적했다(김지하, 〈은적암기행〉, 《남녘땅뱃노래》, 도서출판 두레, 1985, 184쪽).

22 《도쿄아사히신문》 1895년 3월 5일 자 〈동학당 대거괴와 그 구공〉, 3월 6일 자 〈동학당 대거괴 심문 속문〉과 〈동학 수령과 합의정치〉, 5월 7일 자 〈동학당 거괴의 재판〉, 5월 8일 자 〈동학당 거괴 선고 여문〉 등 참조.

23 《도쿄아사히신문》 1895년 3월.

24 김재계, 〈환원동덕: 고 절암 윤세현 씨를 추도함〉, 《천도교회월보》 267, 1933.

25 강재 박기현의 생애와 활동에 대해서는 다음의 논문을 참고하면 된다. 박맹수, 〈동학농민혁명기 전라도 지식인의 삶과 향촌 사회-강진 유생 박기현의 《일사》를 중심으로-〉, 《개벽의 꿈, 동아시아를 깨우다》, 모시는 사람들, 2011.

5 정감록이 이끈 신세계

1 이 글에서는 18세기 후반부터 점차 활기를 띠기 시작한 '감록촌'의 형성에 관하여 자세히 언급할 기회를 갖지 못했다. 그 문제에 관심이 있는 독자는 《정감록 미스터리》(2012, 특히 112~157쪽)를 보면 약간의 도움을 받을 수 있을

것이다.

7 다산이 다스린 고을

1   곡산부사 시절 다산의 활동에 대해서는 《여유당전서與猶堂全書》 권16의 〈자찬
    묘지명自撰墓誌銘〉에 비교적 상세히 나타난다. 따라서 다산에 관한 대부분의
    저작에서는 이 내용을 잘 정리했다. 특히 박석무의 《다산 정약용 평전》(민음사,
    2014) 등이 대표적이다. 이 글에서는 이 자료와 함께 다산의 다른 글에서도 곡
    산 시절에 해당하거나 그렇게 유추할 수 있는 자료를 모아 보완했다.

2   이 무렵 쓴 〈응지론농정소〉에서도 "한 고을 내에서도 관두官斗와 시두市斗, 이
    두里斗가 있고, 관두 중에서도 관청과 사창司倉이 같지 않고, 시두 중에도 여기
    의 허점과 저기의 허점이 서로 같지 않으며, 이두 중에도 동쪽 마을과 서쪽 마
    을이 서로 같지 않아서"(《여유당전서》 제1집 권9 〈응지론농정소〉)라고 했다.

3   이매뉴얼 월러스틴 저, 백영경 역, 《유토피스틱스》, 창작과 비평사, 1999.

1 활빈당이 바로잡으려 한 나라

에릭 홉스봄, 《의적의 사회사》, 한길사, 1978

김양식, 〈개항 이후 화적의 활동과 지향〉, 《한국사연구》 84, 1994

박찬승, 〈활빈당의 활동과 그 성격〉, 《한국학보》 10권 2호, 1984

장양수, 〈방각본 '홍길동전'이 한말 민중운동에 미친 영향〉, 《국어국문학》 112, 1994

2 천주학장이들이 사는 세상

《벽이연원록闢異淵源錄》《성경직히(聖經直解)》《성교빅문답(聖敎百問答)》《성교요리문답(聖敎要理問答)》《성찰긔략(省察記略)》《신명초힝(神命初行)》《수기隨記》《조선왕조실록》《쥬교요지(主敎要旨)》《텬쥬셩교공과(天主聖敎功課)》

김영수, 《천주가사 자료집》, 가톨릭대학교 출판부, 1998

김영정, 《집합행동론》, 진흥문화사, 1984

모리모토 준이치로 지음, 김수길 옮김, 《동양정치사상사연구》, 동녘, 1985

발터 카스퍼, 《순교의 신학적 고찰》, 형제애, 2013

楊天石, 《朱熹及其哲學》, 中華書局, 1982

조광, 《조선후기 사상계의 전환기적 특성》, 경인문화사, 2010

한국교회사연구소 엮음, 《병인박해 순교자 증언록》, 한국교회사연구소, 1987

김무진, 〈조선사회의 遺棄兒 收養에 관하여〉, 《계명사학》 4, 계명대학교 사학회, 1993

조광, 〈조선후기 서학서의 수용과 보급〉, 《민족문화연구》 44, 고려대학교 민족문화

　　연구소, 2006
한영우, 〈조선 전기 성리학파의 사회경제사상〉, 《한국사상사대계》 2, 성균관대학교
　　대동문화연구원, 1976

3 밥과 사람이 하늘인 세상

김양식, 《근대한국의 사회변동과 농민전쟁》, 신서원, 1996
박맹수, 《개벽의 꿈》, 모시는사람들, 2011
배상섭, 《19세기 민중사 연구의 시각과 방법》, 성균관대학교출판부, 2015
박찬승, 《근대이행기 민중운동의 사회사》, 경인문화사, 2008
이영호, 《동학과 농민전쟁》, 혜안, 2004
이이화, 《전봉준, 혁명의 기록》, 생각정원, 2014
정창렬, 《갑오농민전쟁》, 선인, 2014
조경달, 《이단의 민중반란》, 역사비평사, 2008

4 동학이 꿈꾼 유토피아

《강재일사》 《경국대전》 《근암집》 《동경대전》 《동경조일신문》 《동학사》 《용담유사》
《전봉준공초》 《해월문집》

박맹수, 《개벽의 꿈 동아시아를 깨우다》, 모시는 사람들, 2011
　　　, 《생명의 눈으로 보는 동학》, 모시는 사람들, 2014
나카츠카 아키라 외 지음, 한혜인 옮김, 《동학농민전쟁과 일본》, 모시는 사람들,
　　2014

5 정감록이 이끈 신세계 / 6 미륵보살이 깨어난 세계

김삼룡, 《한국 미륵신앙의 연구》, 동화출판공사, 1983
김탁, 《정감록》, 살림출판사, 2005
남민, 《정감록이 예언한 십승지 마을을 찾아 떠나다》, 소울메이트, 2014

백승종,《예언가 : 우리 역사를 말하다》, 푸른역사, 2007

_____,《정감록 미스터리》, 푸른역사, 2012

_____,《정감록 역모 사건의 진실게임》, 푸른역사, 2006

_____,《정조와 불량 선비 강이천》, 푸른역사, 2011

_____,《한국의 예언문화사》, 푸른역사, 2006

양태진,《정감록》, 예나루, 2013

이종익,《미륵신앙과 용화세계》, 보련각, 1982

장지훈,《한국 고대 미륵신앙 연구》, 집문당, 1997

7 다산이 다스린 사회

정약용 저, 다산연구회 역,《역주 목민심서》1~6, 창작과 비평사, 1978~1985

_____. 박석무·정해렴 편역,《다산문학선집》, 현대실학사, 1996

_____,《다산논설선집》, 현대실학사, 1996

조성을,《연보로 본 다산 정약용》, 지식산업사, 2016

최익한 저, 송찬섭 편,《조선사회정책사》, 서해문집, 2013

_____,《여유당전서를 독함》, 서해문집, 2016

이매뉴얼 월러스틴 저, 백영경 역,《유토피스틱스》, 창작과 비평사, 1999

참고문헌